AF291631

ACTIFS ET INSTRUMENTS DE LA BOURSE
ET DES MARCHÉS FINANCIERS

©2024. EDICO
Édition : JDH Éditions
77600 Bussy-Saint-Georges
Imprimé par BoD — Books on Demand, Norderstedt, Allemagne

Réalisation et conception couverture : Cynthia Skorupa

ISBN : 978-2-38127-365-5
Dépôt légal : mars 2024

Denis Desclos

Actifs et instruments de la Bourse et des marchés financiers

JDH Éditions

Les Essentiels de l'AFATE

INTRODUCTION

Les marchés financiers sont de l'histoire ancienne, mais n'ont pris l'importance qu'on leur connaît aujourd'hui qu'au cours des dernières décennies.

Créée au XVIIe siècle, la Bourse d'Amsterdam, où se négociaient les actions de la Compagnie des Indes orientales, est ainsi considérée comme la plus ancienne Bourse du monde.

Le Chicago Board of Trade (CBOT), fondé en 1848, est la deuxième plus ancienne Bourse de commerce au monde après la Bourse du riz de Dojima, créée en 1697.

L'indice Dow Jones a quant à lui été créé en 1896.

Mais c'est véritablement à partir du début des années 1970 que les marchés financiers ont connu un extraordinaire développement, et ce sous l'effet de plusieurs facteurs :

- La fin de la convertibilité du dollar en or (1971), qui mit fin aux accords de Bretton Woods et déboucha sur la mise en place d'un régime de taux de change flottants à partir de 1973 ;

- La mise en place de systèmes de retraite par capitalisation à partir de 1974 aux États-Unis ;

- Les accords de Bâle (1988), qui mirent en place un niveau minimum de capitaux propres des banques afin de garantir leur solvabilité (ratio Cooke), ce qui provoqua le phénomène de désintermédiation bancaire et financière ;

- La libéralisation des mouvements de capitaux dans les années 1980 et 1990 ;

- Le gonflement des déficits publics et donc de l'endettement public dans les pays industrialisés (du fait de l'allongement de l'espérance de vie mais aussi de la concurrence fiscale entre États) qui fit exploser les marchés de la dette souveraine négociable ;

- Les politiques monétaires accommodantes des années 2000 et les mesures non conventionnelles (« *Quantitative Easing* ») mises en place par les banques centrales à la suite de la crise financière de 2008.

Au cours du dernier demi-siècle, les marchés financiers ont donc pris une importance croissante dans le financement de l'économie en mettant en relation directe apporteurs de capitaux et emprunteurs.

Ils ont aussi joué un rôle grandissant en matière de gestion des risques financiers grâce aux marchés de produits dérivés comme les contrats futures ou les options.

Ce développement des marchés financiers s'est en outre accompagné d'une créativité ininterrompue en matière d'instruments financiers de toute sorte.

Surtout, cette créativité de plus en plus débridée en matière d'instruments financiers s'est combinée avec l'informatisation et la digitalisation croissantes de nos sociétés et fait que chacun d'entre nous a désormais accès, d'un simple clic de souris ou d'une pression sur son écran de smartphone, à une myriade d'instruments financiers de toute sorte.

Pour tous ceux qui souhaitent investir sur les marchés financiers, il nous semblait donc indispensable de brosser un panorama des différents actifs et instruments financiers afin que tout un chacun puisse s'y retrouver dans cette offre pléthorique en étant au fait de leurs grands principes de fonctionnement.

CHAPITRE 1

Les principaux marchés d'actifs financiers

1 – 1 Les différents types de marchés financiers

Quatre grandes catégories d'actifs sont négociées sur les marchés financiers :

- Les devises

- Les titres de taux d'intérêt

- Les actions

- Les « *commodities* »

À ces quatre grandes catégories pourrait éventuellement être ajoutée la nouvelle catégorie d'actifs financiers que constituent pour certains les cryptomonnaies.

Les quatre grands types de marchés financiers sont donc :

– Le marché des changes (ou des devises), baptisé Forex (pour « *Foreign Exchange* ») ;

– Les marchés de taux d'intérêt (marchés interbancaire, monétaire et obligataire) ;

– Les marchés d'actions, à l'image de NYSE-Euronext, du London Stock Exchange ou du Nasdaq ;

– Les marchés de matières premières (« *commodities* ») au comptant ou à terme, comme le London Metal Exchange (LME) ou le Chicago Board of Trade (CBOT).

Ces actifs peuvent être qualifiés de «réels» ou «physiques» (même si actions et obligations sont totalement dématérialisées depuis 1984 en France), par opposition aux instruments financiers (produits dérivés par exemple) qui n'existent que par rapport à un actif sous-jacent (cf. chapitre 3).

Par ailleurs, il faut préciser que les marchés financiers peuvent être :

– Soit des marchés publics organisés, où se négocient des actifs standardisés sur une place boursière servant d'intermédiaire (Euronext à Paris), et sous le contrôle d'une autorité de marché (l'Autorité des Marchés Financiers – AMF – en France). Il s'agit des Bourses de valeurs (marchés d'actions) ou des Bourses de commerce (marchés de « *commodities* ») ;

– Soit des marchés de gré à gré, dits aussi « OTC » (« *Over the counter* »), où les transactions se font directement et sans intermédiaire entre acheteur et vendeur.

1 – 2 Le marché des devises (Forex)

La valeur interne d'une monnaie est le niveau général des prix constaté à l'intérieur du pays.

La valeur externe de cette monnaie est le taux de change, i.e. la valeur à laquelle cette monnaie s'échange avec les autres monnaies.

Chaque monnaie ou devise a une abréviation sous forme de trois lettres : EUR pour l'euro, USD pour le dollar américain, JPY pour le yen japonais, GBP pour la livre sterling, etc.

Une transaction sur le Forex porte toujours sur un couple de devises, appelé paire ou « *cross* », et le sens de l'opération s'applique à la devise principale, c'est-à-dire la première devise du couple.

La paire EUR/USD représente la valeur d'un EUR en USD.

Un cours d'EUR/USD à 1,0775 signifie que 1 euro vaut 1,0775 dollar américain.

Source : Infographie Le Parisien

Par convention, un sens est utilisé de préférence à l'autre. Par exemple, on utilise EUR/USD, EUR/JPY et EUR/GBP et non USD/EUR, JPY/EUR ou GBP/EUR.

Un achat d'EUR/USD signifie donc achat d'euros contre vente de dollars US.

Une baisse du cours EUR/USD signifie que l'euro s'affaiblit face au dollar ou que le dollar se renforce contre l'euro.

A contrario, la hausse du cours EUR/USD traduit un renforcement de l'euro contre le dollar ou un affaiblissement du dollar face à l'euro.

Cours croisés au comptant des principales devises au 19/02/2024 :

TAUX DE CHANGE AU COMPTANT

	EUR	USD	JPY	GBP	CHF	CAD
EUR	1.0000	1.0775	161.8700	0.8553	0.9490	1.4533
USD	0.9278	1.0000	150.2220	0.7936	0.8800	1.3485
JPY	0.0062	0.0067	1.0000	0.0053	0.0059	0.0090
GBP	1.1692	1.2600	189.2900	1.0000	1.1097	1.6998
CHF	1.0533	1.1353	170.5400	0.9009	1.0000	1.5314
CAD	0.6878	0.7414	111.3541	0.5883	0.6530	1.0000

Tous les taux de change

Exemple : EUR/USD = 1,0775 ⇨ 1 EUR = 1,0775 USD

Source : Boursorama

Un taux de change ne signifie rien dans l'absolu. Il convient de le relier au niveau général des prix dans le pays considéré pour apprécier la force ou la faiblesse d'une monnaie. La théorie de la parité des pouvoirs d'achat (PPA) fait ce lien et établit le pouvoir d'achat d'une devise, permettant ainsi de comparer les « taux de change PPA » entre eux.

Le Forex est le premier marché financier par les volumes, avec des transactions estimées à 6 600 milliards de dollars par jour.

📌 **Le Forex étant un marché de gré à gré entre banques, qui y interviennent pour leur compte ou pour celui de leurs clients entreprises, il est difficile pour un particulier d'y réaliser des opérations.**

Un particulier souhaitant investir sur le Forex devra plutôt utiliser un des instruments financiers évoqués dans le chapitre 3.

1 – 3 Les marchés de taux d'intérêt

L'intérêt est la rémunération versée au prêteur d'une somme d'argent par l'emprunteur de cette somme. Le taux d'intérêt est l'expression en pourcentage de cette rémunération.

Le taux d'intérêt est donc le prix de l'argent sur une durée déterminée, ce que John Maynard Keynes a appelé le « *prix de la renonciation à la liquidité* » : en contrepartie d'une rémunération, le détenteur d'un capital (prêteur) accepte de l'immobiliser entre les mains d'un emprunteur sur une durée déterminée.

Les marchés de taux d'intérêt sont constitués du marché interbancaire, du marché monétaire et du marché obligataire.

Le marché interbancaire est un marché de gré à gré où les banques se prêtent entre elles en fonction de leurs besoins ou excédents de liquidités, l'équilibre étant assuré à tout moment par les interventions de la banque centrale (la BCE pour la zone euro) qui joue ainsi son rôle de prêteur en dernier ressort.

Chaque jour, les banques traitent des millions d'opérations : remises d'espèces et de chèques, débits de cartes bancaires, virements et prélèvements, octroi de crédits, collecte d'épargne, qui sont autant de flux financiers entrants et sortants pour chacune d'elles. À la fin de la journée, chaque banque est soit en excédent de liquidités (elle a reçu plus de fonds qu'elle n'a dû en fournir) ou au contraire en déficit de liquidités :

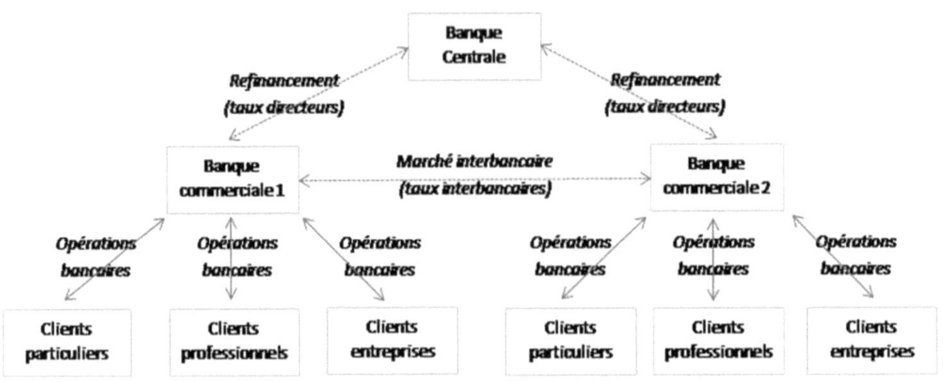

Les banques se retrouvent ensuite sur le marché interbancaire, les banques en excédent pouvant prêter aux banques en déficit de liquidités. Au cas où il y aurait insuffisance globale d'excédents de liquidités permettant aux banques en déficit de se refinancer sur le marché interbancaire (ou comme en 2008 lorsque la défiance entre banques était telle qu'elles rechignaient à se prêter entre elles), c'est la banque centrale qui fait le lien et assure le refinancement du système bancaire en tant que prêteur en dernier ressort.

Au travers de ses opérations de refinancement des banques, ou de prise en dépôts de leurs excédents, la banque centrale mène sa politique monétaire dans le cadre du mandat qui lui est fixé (une inflation proche mais inférieure à 2 % pour la BCE), en faisant varier à la hausse ou à la baisse ses taux directeurs.

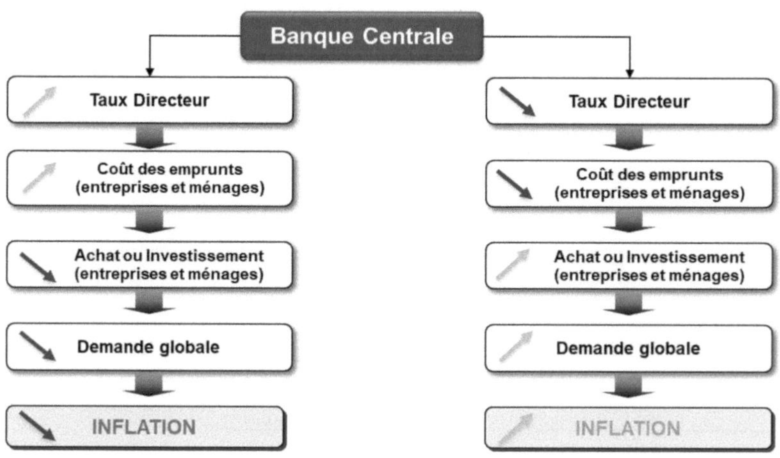

Sur le marché monétaire, des acteurs économiques émettent des titres de créance négociables pour couvrir leurs besoins de financement sur des durées courtes : certificats de dépôt (émis par les établissements financiers), billet de trésorerie (émis par les entreprises industrielles et commerciales) ou bons du Trésor (émis par l'État).

Sur le marché obligataire se négocient des obligations. Une obligation est un titre de créance. Elle représente une dette émise par un État, une collectivité locale, un organisme public ou une entreprise et souscrite par un investisseur. En d'autres termes, l'investisseur prête à l'émetteur. Une obligation confère à son détenteur le droit à un taux d'intérêt en rémunération de sa créance (coupon) et le droit au remboursement de sa créance à l'échéance de l'obligation (sauf en cas de défaut de l'émetteur de l'obligation). Les obligations sont qualifiées de « titres à revenu fixe » (« *Fixed income* »), même s'il existe des obligations à taux fixe, variable ou révisable.

Mercredi 24 janvier 2024

Mercredi 24 janvier 2024, la Région Ile-de-France a lancé avec un grand succès une émission obligataire durable sous son cadre des émissions vertes, sociales et durables. Cette nouvelle souche de 800 millions d'euros et d'une durée de 10 ans et 4 mois, offre un rendement de 3,222%. Il s'agit de la plus importante émission obligataire jamais réalisée par la Région.

Dans un contexte de marché primaire très actif depuis le début de l'année, plus de 125 milliards d'euros émis depuis le 1er janvier 2024, la Région Ile-de-France a su saisir à nouveau cette année une fenêtre d'opportunité, en amont de la réunion de la Banque Centrale Européenne, pour émettre **la plus large émission syndiquée de son histoire.**

Résumé des termes et conditions de cette nouvelle émission:

Montant émis	EUR 800m
Date d'émission	24 Janvier 2024
Date de paiement	31 Janvier 2024 (T+5)
Date de maturité	25 Mai 2034
Rendement offert à l'émission	3,222% ann.
Spread d'émission	OAT+36bp
Coupon annuel	3,200%
Listing	Euronext Paris
Chefs de file	Bank of America, BNP Paribas, JP Morgan, Société Générale

Les marchés obligataires constituent le premier marché par les encours, qui sont estimés à plus de 300 000 milliards de dollars.

📌 **Si le marché interbancaire est l'apanage des banques, et si le marché monétaire est réservé aux émetteurs et aux investisseurs institutionnels, le marché obligataire est lui accessible aux investisseurs particuliers qui peuvent y réaliser directement des transactions (par l'intermédiaire du courtier chez qui ils ont ouvert un compte).**

Il existe donc différentes catégories de taux d'intérêt :

– Des **taux d'intérêt dits « administrés »**, comme les taux directeurs fixés par la banque centrale en fonction de ses objectifs en matière de politique monétaire ;

– Des **<u>taux d'intérêt de marché</u>**, i.e. résultant de la confrontation de l'offre de capitaux par les prêteurs et de la demande de la part des emprunteurs. Les taux interbancaires, monétaires et obligataires sont des taux de marché ;

– Des **<u>taux d'intérêt « commerciaux »</u>**, c'est-à-dire les taux pratiqués par les établissements de crédit sur les crédits accordés à leurs clients particuliers, professionnels et entreprises. Ces taux sont pilotés d'une part en fonction du niveau des taux (administrés ou de marché) en vigueur car ils conditionnent le coût de leurs ressources pour ces établissements, et d'autre part en fonction de considérations commerciales (cf. le taux des crédits immobiliers qui sert de produit d'appel aux banques pour capter de nouveaux clients) et de coûts de gestion.

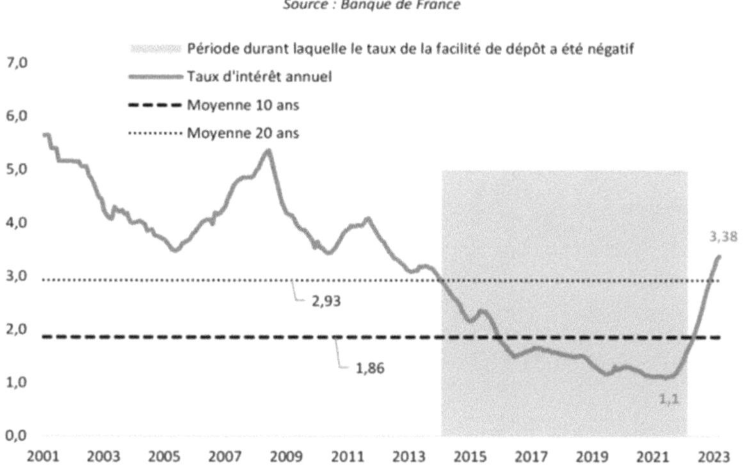

G3 – Taux d'intérêt des prêts à l'habitat aux particuliers, en %

Source : Banque de France

Note : dernier point affiché : septembre 2023

📌 **En résumé, les taux d'intérêt peuvent donc être :**

– administrés, i.e. fixés par une autorité (la banque centrale pour ses taux directeurs ou le gouvernement pour l'épargne réglementée) ;

– des taux de marché, i.e. fluctuant librement en fonction de la confrontation de l'offre et de la demande ;

– pilotés, i.e. fixés par les établissements de crédit en fonction d'objectifs commerciaux et de leurs coûts de gestion.

L'évolution **« en escalier »** des taux directeurs des banques centrales est caractéristique des taux administrés :

La BCE n'a pas réussi à juguler véritablement l'inflation.

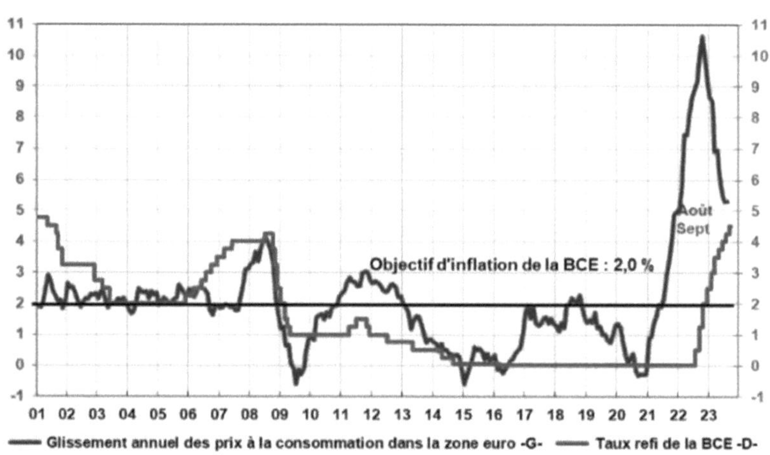

Sources : Eurostat, BCE, ACDEFI

L'évolution **« en dents de scie »** des taux interbancaires, monétaires et obligataires est quant à elle caractéristique des taux de marché résultant de la confrontation d'une offre et d'une demande (ci-dessous les taux souverains à 10 ans en zone euro et aux États-Unis) :

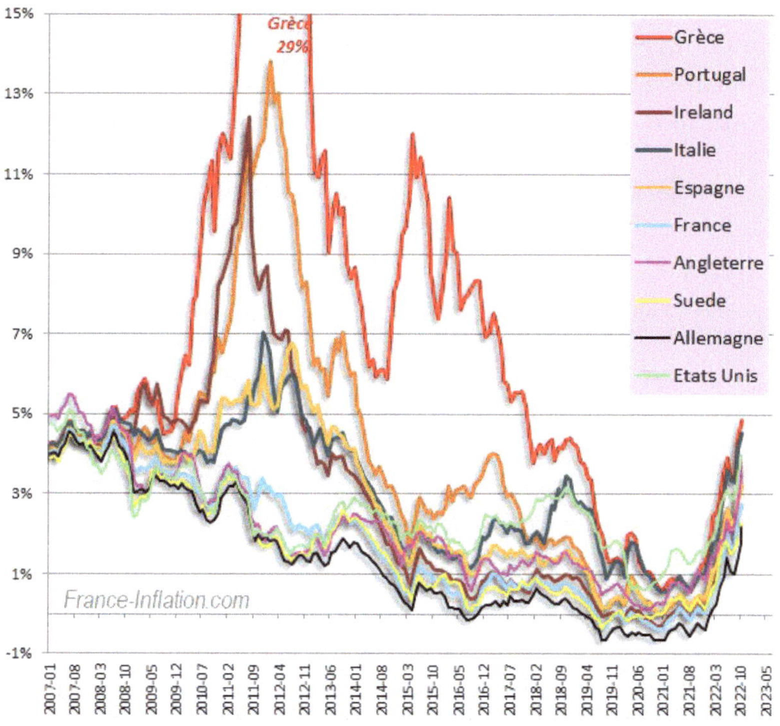

Source : france-inflation.com

Il faut aussi distinguer les taux d'intérêt à court terme et à long terme :

— Les **taux d'intérêt à court terme** sont les taux servis sur des durées inférieures à 2 ans, comme les taux interbancaires ou les taux directeurs des banques centrales ;

— Les **taux d'intérêt à long terme** sont servis sur les durées d'emprunt supérieures à 2 ans (il est possible de distinguer moyen terme pour les durées de 2 à 5 ans et long terme pour les durées au-delà de 5 ans), à l'instar des taux obligataires.

La courbe des taux est une représentation des taux d'intérêt en fonction de leur maturité. La courbe des taux est généralement concave et croissante. Elle peut se déplacer (translation en fonction du niveau absolu des taux) et se déformer (repentification ou aplatissement, voire inversion de la courbe des taux – les taux à court terme devenant supérieurs aux taux à long terme).

<u>Courbe des taux sur titres d'État français</u> :

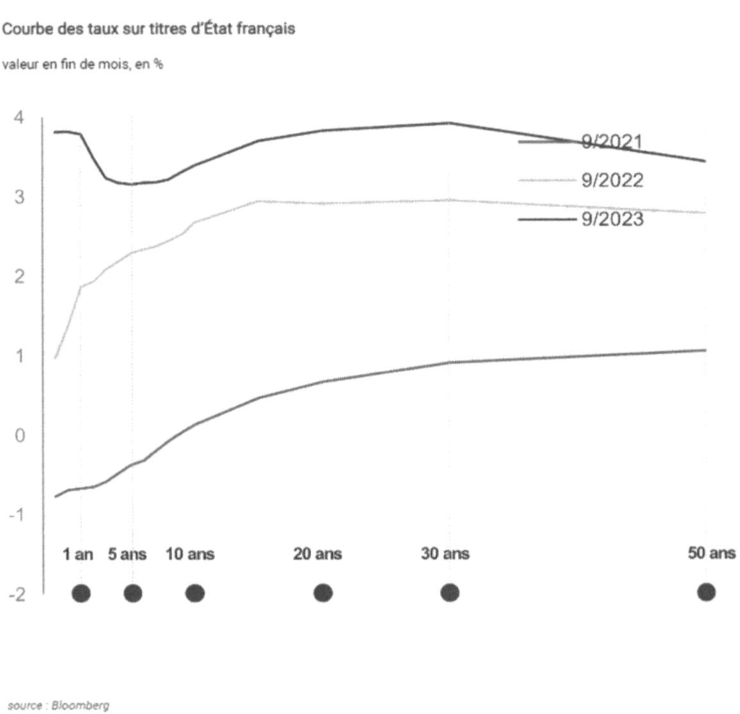

Ces évolutions dans le temps sont fonction du contexte économique (croissance ou récession), monétaire (périodes de forte ou de faible inflation), et des périodes de crise financière ou géopolitique, les obligations pouvant alors faire office de valeur refuge.

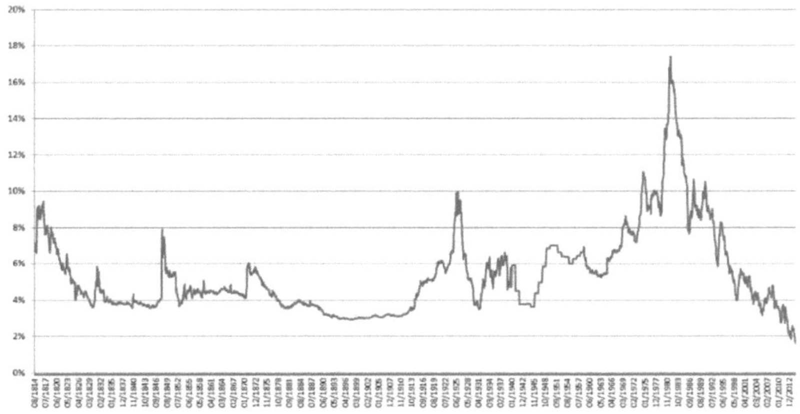

Source : Les Échos

En conclusion, il est possible d'établir la typologie suivante en matière de taux d'intérêt :

	Taux administrés	**Taux de marché**	**Taux commerciaux**
Taux à court terme	Taux de l'épargne réglementée (livret A, LDD, Plan d'Épargne Logement) Taux directeurs des banques centrales	Taux interbancaires (€ STR – Euro Short Term Rate – par exemple)	Taux des crédits à la consommation, des concours à court terme aux entreprises
Taux à long terme		Taux obligataires (Tec 10 par exemple)	Taux des crédits immobiliers aux particuliers Et des crédits long terme aux entreprises

1 – 4 Les marchés d'actions et les indices boursiers

Une action est un titre de propriété. Elle représente une fraction du capital social d'une entreprise. Une action confère à son détenteur le droit de vote en Assemblée Générale et le droit au bénéfice (sous forme de dividende) et met en contrepartie à sa charge la contribution aux pertes (dans la limite de son apport). Les actions sont qualifiées de « titres à revenu variable » (le dividende varie en fonction du résultat de l'entreprise). Elles constituent un moyen de financement pour une entreprise (financement en fonds propres par opposition au financement par emprunt).

Il existe aussi des titres hybrides qui mêlent les caractéristiques des actions et des obligations : obligations convertibles en actions, obligations remboursables en actions (ORA), obligations à bons de souscription d'actions (OBSA), etc.

Afin d'illustrer la tendance générale d'un marché d'actions ont été créés des indices boursiers. Un indice boursier reflète l'évolution de la valeur d'un panier d'actions sous-jacent.

Ainsi, l'indice phare de la Bourse de Paris est le CAC 40, créé en 1987, qui reflète l'évolution des cours d'un panier de 40 actions pondérées en fonction de leur flottant. Le flottant est la part de la capitalisation d'une entreprise pouvant être négociée sur le marché. Dans le cas d'EDF par exemple, le flottant est réduit car la participation de l'État au capital d'EDF n'est pas considérée comme étant échangeable sur le marché.

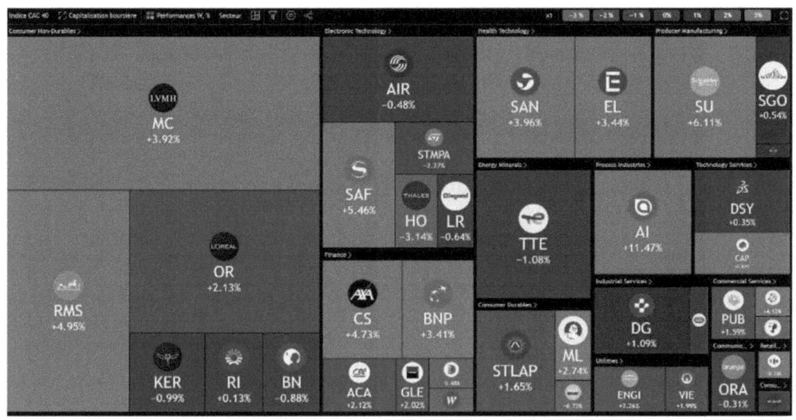

ÉVOLUTION DU CAC 40

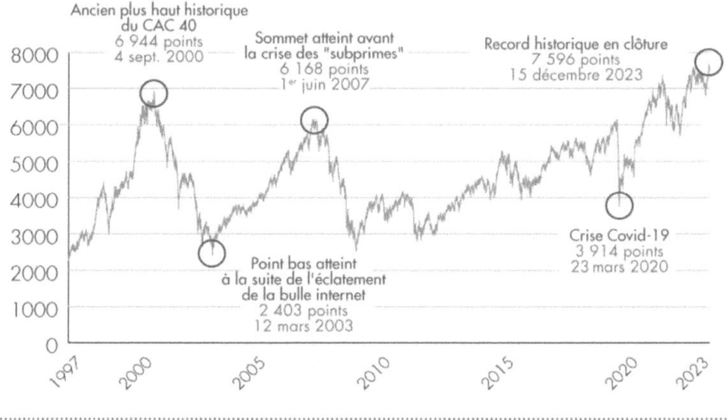

Source : lafinancepourtous.com d'après Euronext

Il existe des indices boursiers pour les différents marchés d'actions. Les indices boursiers les plus connus sont :

– le S&P 500, composé des 500 plus grosses valeurs américaines ;

– Le Dow Jones Industrial, le plus ancien des indices boursiers ;

– Le Nasdaq, qui rassemble les valeurs technologiques américaines ;

– Le Nikkei 225 à Tokyo au Japon ;

– Le Dax 40 à Francfort en Allemagne.

Il existe aussi des indices boursiers pour des segments de marché (par exemple, le CAC Mid & Small reflète l'évolution des petites et moyennes valeurs de la Bourse de Paris) ou des secteurs (l'Eurostoxx Banks est ainsi l'indice des valeurs bancaires européennes).

Notons que, contrairement aux autres indices boursiers, le CAC 40 ne tient pas compte des dividendes versés par les entreprises qui le composent. Il est dit dividendes non réinvestis. Pour le comparer aux autres indices boursiers, il convient d'utiliser le CAC 40 Gross Return.

ÉVOLUTION DU CAC 40 GR (GROSS RETURN)

Source : lafinancepourtous.com d'après Euronext

📌 **Dès lors qu'un investisseur dispose d'un compte ouvert chez un courtier, il lui est possible d'effectuer des transactions directement sur des actions de son choix. Cela nécessite néanmoins de disposer d'un minimum de capitaux.**

Pour les investisseurs disposant de capitaux plus faibles, il est préférable d'utiliser des instruments collectifs de type ETF ou OPCVM décrits dans le chapitre 3. Il n'est pas possible en revanche d'investir directement sur des indices boursiers. Pour ce faire, il convient d'utiliser un des instruments évoqués dans le chapitre 3.

1 – 5 Les marchés de « *commodities* »

Les « *commodities* » recouvrent d'abord l'ensemble des matières premières cotées sur des marchés au comptant ou à terme :

- Les matières premières agricoles : blé, maïs, avoine, cacao, café, sucre, coton, riz

- Les matières premières énergétiques : pétrole (West Texas Intermediate – WTI – et Brent de Mer du Nord), gaz naturel

- Les métaux précieux : or, argent, platine, palladium

- Les métaux industriels : cuivre, zinc, nickel, aluminium, plomb, étain

S'y ajoutent d'autres produits de base – comme le jus d'orange, le bois de charpente ou les carcasses de bétail – qui ont subi une première transformation mais qui restent suffisamment standardisés pour que l'ajustement entre l'offre et la demande se fasse par le prix.

Les premiers marchés de produits dérivés (cf. infra chapitre 3) ont été créés pour servir d'instruments de couverture contre les fluctuations (à la hausse ou à la baisse) des cours des « *commodities* ».

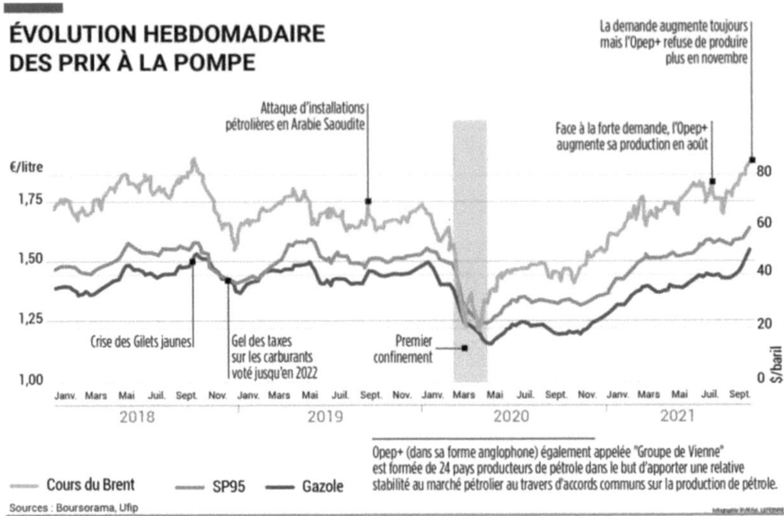

S'agissant de marchés publics organisés, il est théoriquement possible pour un particulier d'effectuer des transactions sur les marchés de « *commodities* ».

Dans les faits, les tailles minimales de transactions rendent ces marchés difficiles d'accès pour les particuliers. Les marchés de « *commodities* » sont donc plus facilement accessibles au travers des instruments décrits dans le chapitre 3.

CHAPITRE 2

Le fonctionnement des marchés financiers

2 – 1 Les différents intervenants sur les marchés financiers

Les marchés financiers sont un lieu d'échange et contribuent au financement de l'économie en mettant en relation directe apporteurs et demandeurs de capitaux.

Ils jouent aussi un rôle incontournable en matière de gestion des risques financiers grâce aux marchés de produits dérivés comme les contrats futures ou les options.

Les différents intervenants sur les marchés financiers sont donc les suivants :

– Les États, les collectivités locales, les organismes publics et les entreprises publiques qui viennent emprunter pour financer leurs déficits en émettant des obligations ou des titres à plus courte durée comme des Bons du Trésor pour l'État français ;

– Des entreprises industrielles ou commerciales qui viennent lever des fonds, que ce soit par émissions d'actions, d'obligations ou de billets de trésorerie, ou gérer des risques de change ou de prix des matières premières ;

– Des entreprises financières qui cherchent à se financer, à investir des excédents de liquidité ou à se protéger contre des risques de taux d'intérêt ou de prix des actifs financiers ;

– Des investisseurs institutionnels (assureurs-vie, caisses de retraite) qui investissent, dans le respect de leurs contraintes réglementaires, les capitaux dont ils ont la charge ;

– Des investisseurs particuliers qui souhaitent investir leur épargne ;

– Des fournisseurs de produits et de services, qu'il s'agisse de sociétés de gestion d'OPCVM (cf. chapitre 3), de brokers d'instruments financiers, de dépositaires, etc. ;

– Des régulateurs comme l'AMF et l'ACPR en France.

L'Autorité des Marchés Financiers (AMF) agrée et contrôle les sociétés de gestion, la création, la conservation et la communication de chaque OPCVM, ainsi que le respect de la réglementation des transactions sur le marché. Au niveau européen, elle participe au système européen de supervision financière au sein de l'ESMA (*European Securities and Markets Authority*).

L'Autorité de Contrôle Prudentiel et de Résolution (ACPR) est une institution intégrée à la Banque de France et chargée de l'agrément et de la surveillance des établissements bancaires, d'assurance et de leurs intermédiaires.

<u>Zoom sur la dette d'État</u> :

Pour financer son déficit budgétaire, l'État français émet des Obligations Assimilables du Trésor (OAT). Ces obligations d'État sont dénommées Bund en Allemagne, T-Bond aux États-Unis ou encore Gilt au Royaume-Uni. Il émet aussi des Bons du Trésor qui ont des durées plus courtes.

La gestion de la trésorerie de l'État et donc de cette dette est confiée à l'Agence France Trésor :

2 429 973 311 772 €

Encours de la dette négociable de l'État
31 décembre 2023

8 ans et 168 jours

Durée de vie moyenne de la dette négociable
31 décembre 2023

2,88 %	2,65 %
TEC 10	Taux Moyen Pondéré OAT
20 février 2024	(moyenne des émissions
	annuelles 2023)
	31 janvier 2024

Source : Agence France Trésor

L'Agence France Trésor procède chaque semaine à des émissions de Bons du Trésor et une fois par mois à une émission d'OAT à taux fixe. Ces émissions prennent la forme d'adjudication, correspondant à une mise aux enchères des titres émis auprès de banques ayant le statut de Spécialiste en Valeurs du Trésor (SVT). Les prix d'achat proposés par ces SVT pour les nouvelles obligations correspondent à un taux de rendement dit « taux de rendement à l'émission » qui varie à chaque émission.

Nous verrons par la suite comment l'évolution de ce taux de rendement à l'émission détermine l'évolution du cours des obligations existantes.

2 – 2 Les différentes approches en matière de marchés financiers

2 – 2 – 1 La théorie financière classique

Les marchés financiers ont donné lieu à une littérature très riche, notamment d'origine universitaire. Ces travaux depuis la thèse de doctorat « *Théorie de la spéculation* » de Louis Bachelier en 1900, pour qui les cours de Bourse suivent un mouvement aléatoire jusqu'au célèbre article d'Eugene Fama en 1970 (« *Efficient Capital Markets : a Review of Theory and Empirical Works* », *Journal of Finance*), ont donné naissance à une théorie financière, selon laquelle les marchés financiers seraient efficients.

Selon l'hypothèse d'efficience des marchés financiers, les prix des actifs reflètent toute l'information disponible. Autrement dit, les cours des actifs cotés (actions, obligations, matières premières, etc.) constitueraient en permanence le « juste prix » de ces actifs.

Si les marchés sont efficients, aucun investisseur ne peut réaliser durablement une performance supérieure à celle du marché. Cette hypothèse d'efficience des marchés est le fondement des gestions passive ou indicielle, notamment sous forme d'ETF (cf. infra chapitre 3).

L'observation du comportement des marchés financiers montre plutôt qu'ils sont certes efficients, mais sur le long terme, et qu'ils peuvent faire preuve à court terme d'un aveuglement temporaire, euphorique ou dépressif, qui se traduit par des périodes de bulles spéculatives ou de krachs boursiers.

La bulle Internet des années 2000 constitue un bon exemple de cette presbytie des marchés financiers.

À la fin des années 90 et dans la première moitié de l'année 2000, les perspectives de croissance des résultats prêtées aux sociétés Internet et avancées pour justifier des niveaux de valorisation déconnectés des réalités se sont révélées exagérément optimistes.

<u>Cours de l'action Amazon de 1997 à 2024 :</u>

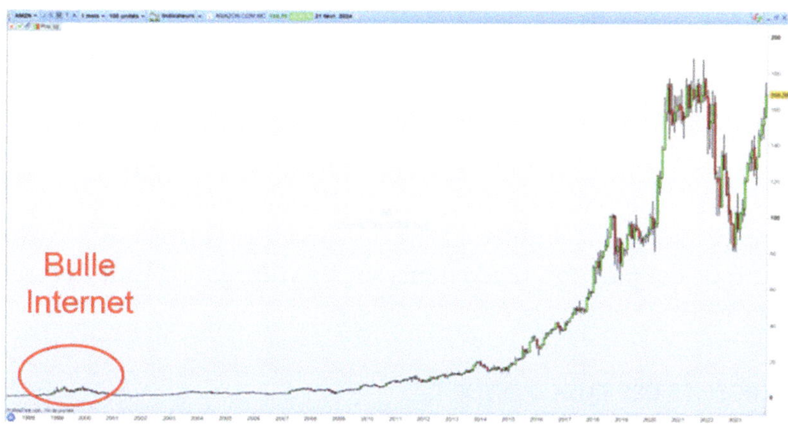

Vingt ans plus tard, les résultats enregistrés par Alphabet-Google, Amazon et autres stars de l'Internet montrent qu'Internet et les nouvelles technologies ouvrent des perspectives de croissance et de profit justifiant des niveaux de valorisation qui n'ont rien à envier à ceux atteints 20 ans auparavant.

Entre-temps, les marchés d'actions ont sévèrement corrigé, et même plus que cela, leurs excès d'optimisme initiaux. Sur une période d'environ 10 ans (1996-2006), on peut conclure en schématisant un peu que les marchés financiers ont d'abord anticipé, de façon prématurée et en les exagérant, les perspectives de croissance et de profit induites par l'introduction des nouvelles technologies, puis ont connu trois ans de descente aux enfers lorsque les réalités économiques et financières se sont rappelées au bon souvenir des investisseurs, avant de réussir à valoriser sans excès à la hausse ou à la baisse les acteurs du secteur Internet.

Cette efficience limitée des marchés financiers à court terme s'explique notamment par l'effet « concours de beauté » cher à Keynes. En résumé, le cours des actifs cotés ne s'explique pas seulement par leurs caractéristiques intrinsèques, mais aussi par les anticipations de chaque investisseur sur la perception qu'ont les autres acteurs du marché (j'achète parce que je pense que les autres pensent qu'il faut acheter).

Comme pour les marchés d'actions, l'efficience des marchés obligataires ne peut s'apprécier que dans la durée. Si, au début des années 2010, les investisseurs sont devenus très sensibles aux déficits publics persistants et à l'endettement massif de pays comme la Grèce ou le Portugal, ils se sont montrés pendant longtemps complètement insensibles à leurs déséquilibres financiers, en exigeant de ces pays des rendements sur les emprunts d'État à peine supérieurs à ceux exigés de l'Allemagne.

DIVERGENCE DES TAUX D'INTÉRÊT

Evolution des taux d'intérêt sur les obligations d'Etat à 10 ans

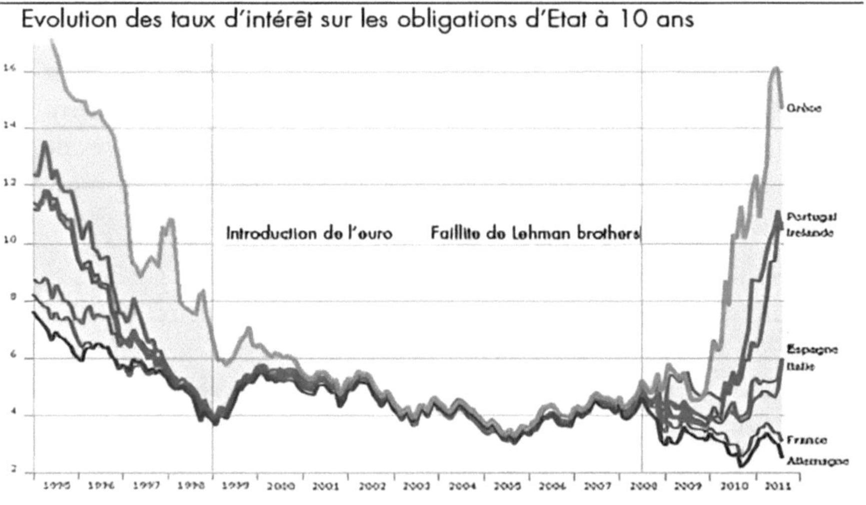

Source : Thomson Reuters datastream

Un autre concept développé par la théorie financière est celui de la frontière efficiente. Sur un graphique où sont positionnés tous les actifs en fonction de leur rendement et de leur risque, la frontière efficiente est la courbe reliant les actifs présentant un couple rendement/risque optimal. Un couple rendement/risque est considéré comme optimal lorsque :

– pour un niveau donné de risque prévisible, il n'existe pas d'autre actif susceptible de générer un rendement plus élevé ;

– ou pour un niveau donné de rendement prévisible, il n'existe aucun autre actif affichant un risque prévu plus faible.

En d'autres termes, le concept de frontière efficient traduit le fait que la relation entre le rendement et le risque est une courbe croissante, et que si un investisseur souhaite plus de rendement, il sera obligatoirement amené à prendre plus de risques.

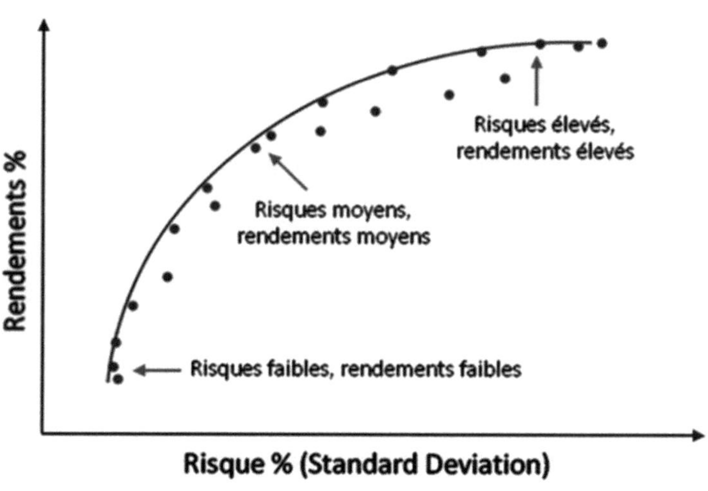

2 – 2 – 2 L'analyse fondamentale

La deuxième approche pour apprécier le cours d'un actif financier coté et ses perspectives d'évolution est l'analyse fondamentale.

L'analyse fondamentale consiste à étudier et analyser les caractéristiques intrinsèques sous-jacentes d'un actif coté : la situation économique du pays pour une devise, la qualité de l'émetteur pour une obligation, les performances de l'entreprise pour une action ou la situation du marché d'une matière première.

Ainsi, pour une action cotée, les analystes fondamentaux s'intéressent aux caractéristiques financières et non financières de l'entreprise concernée :

– Situation macroéconomique du pays ou des pays d'activité ;

– Dynamique sectorielle ;

– Performances commerciales, rentabilité d'exploitation et situation financière (appréciées à travers différents indicateurs et ratios : résultat net, excédent de trésorerie d'exploitation, fonds de roulement, trésorerie nette, rentabilité des fonds propres, etc.),

– Critères environnementaux, sociaux et de gouvernance (ESG).

2 – 2 – 3 L'analyse technique

La troisième approche en matière de prévision d'évolution des cours des actifs cotés est l'analyse technique.

De même que les météorologues essayent de prévoir le temps qu'il fera demain grâce à leur observation du passé, et parce que la nature humaine est faite d'invariants psychologiques depuis les origines (« *Greed & Fear* », l'avidité et la peur), les analystes techniques étudient les graphiques de prix afin d'identifier des configurations récurrentes et donc susceptibles de se produire de nouveau dans le futur.

Selon la définition de John Murphy, auteur du livre *L'analyse technique des marchés financiers* (Valor Éditions), « *l'analyse technique est l'étude de l'évolution d'un marché, principalement sur la base de graphiques, dans le but de prévoir les futures tendances* ».

Analyse technique et analyse fondamentale ne sont pas contradictoires. Les tendances que cherche à identifier l'analyse technique reflètent les anticipations des fondamentaux, et les meilleures tendances qu'identifie l'analyse technique sont celles qui s'accordent avec les fondamentaux.

L'analyse technique procure en revanche un avantage indéniable en termes de timing d'intervention, comme le montre l'exemple récent de l'action Alstom.

Le 4 octobre 2023, la société Alstom annonçait, après la clôture de la Bourse, une révision à la baisse de ses objectifs de résultats. Le lendemain, le cours d'Alstom ouvrait en baisse de plus de 30 %.

Si l'analyse fondamentale ne permettait guère d'anticiper un tel *gap* baissier, l'analyse technique permettait, elle, dès le mois de septembre, d'identifier des signaux baissiers.

En unité de temps mensuelle, l'indicateur RSI (« *Relative Strength Index* ») faisait à fin juillet 2023 une divergence baissière par rapport au cours d'Alstom. Et un potentiel double sommet (« *double top* ») pouvait être détecté à la clôture du mois de septembre 2023.

En unité de temps hebdomadaire, à la clôture de la semaine du 4 au 8 septembre 2023, le cours d'Alstom était sorti par le bas d'un biseau ascendant, figure chartiste généralement baissière, dont l'objectif théorique est le point bas initial.

Comme d'autres concepts de l'analyse technique, ces notions de figures chartistes (double sommet, biseau ascendant) et de divergences haussière ou baissière du RSI seront développées dans les différents ouvrages, déjà publiés ou à venir, qui constitueront la collection « *Les essentiels de l'AFATE* ».

2 – 3 Les principaux déterminants des prix des actifs financiers

Le cours d'un actif coté sur un marché financier est évidemment le résultat de l'ajustement entre l'offre et la demande pour cet actif. En d'autres termes, c'est le rapport de force entre acheteurs et vendeurs qui donnera une orientation au cours :

– S'il y a beaucoup plus d'acheteurs que de vendeurs, le cours s'orientera à la hausse ;

– Si les vendeurs sont plus nombreux que les acheteurs, la baisse l'emportera ;

– S'il y a un équilibre dans les volumes à l'achat et à la vente, la stabilité du cours prévaudra.

Par la suite, les acheteurs se transformeront en vendeurs quand ils décideront de prendre leurs bénéfices, et contribueront ainsi à ralentir la hausse, voire à faire baisser le cours. Et inversement pour les vendeurs qui devront passer acheteurs pour sortir de leurs positions.

Ceci explique pourquoi les cours ne montent jamais en ligne droite et ne baissent jamais non plus en ligne droite, mais font d'incessants va-et-vient, même quand ils sont en tendance haussière ou baissière.

Quels sont alors les facteurs qui incitent les intervenants sur les marchés financiers à être plutôt acheteurs ou vendeurs de tel ou tel actif ?

La liquidité globale de l'économie, déterminée par le niveau des taux d'intérêt, est un puissant déterminant de la valorisation des actifs financiers.

Au-delà de ce puissant déterminant qu'est la liquidité globale de l'économie, chaque type de catégorie d'actifs financiers a ses propres déterminants :

  – taux directeurs des banques centrales pour les devises ;

  – anticipations d'inflation et qualité de signature pour les marchés de taux d'intérêt ;

  – résultats d'entreprises pour les actions ;

  – rapport entre offre, demande et stocks pour les matières premières.

2 – 3 – 1 *Sur le Forex*

Le taux de change peut être fixe ou flottant. En cas de taux de change flottant, il fluctue au gré des taux d'intérêt offerts dans cette monnaie (en fonction notamment des taux directeurs de la banque centrale), de la situation et des perspectives économiques du pays, de son statut éventuel dans le système monétaire international (cas du Japon et de la Suisse dont la monnaie sert de valeur refuge) et des opérations d'arbitrage des investisseurs.

Après les politiques monétaires non conventionnelles adoptées ces dernières années par les banques centrales des États-Unis, du Japon et de la zone euro (« *Quantitative Easing* », consistant en des taux directeurs nuls voire négatifs et en des achats d'actifs), les anticipations quant aux décisions de politique monétaire jouent désormais un rôle central dans l'évolution des taux de change.

Ainsi, l'accélération de l'inflation, causée d'une part par les ruptures de supply chain dues à l'épidémie de Covid et d'autre part par la flambée des prix de l'énergie et du blé au début de la guerre en Ukraine, a amené les principales banques centrales à resserrer brutalement leur politique monétaire (« *tightening* ») en remontant fortement leurs taux directeurs.

BANQUE CENTRALE EUROPÉENNE | EUROSYSTÈME   LANGUE: FR

À propos de la BCE Médias Recherche et publications Statistiques Politique monétaire L'euro Paiements et marchés Carrières Supervision bancaire

Home › Médias › Communiqués de presse › Par date

COMMUNIQUÉ DE PRESSE

Décisions de politique monétaire

26 octobre 2023

You may also be interested in:

Le Conseil des gouverneurs est déterminé à assurer le retour au plus tôt de l'inflation au niveau de son objectif de 2 % à moyen terme. Sur la base de son évaluation actuelle, le Conseil des gouverneurs considère que les taux d'intérêt directeurs de la BCE se situent à des niveaux qui, maintenus pendant une durée suffisamment longue, contribueront fortement à atteindre cet objectif. Les futures décisions du Conseil des gouverneurs feront en sorte que ses taux directeurs soient fixés à des niveaux suffisamment restrictifs, aussi longtemps que nécessaire.

Le Conseil des gouverneurs maintiendra une approche s'appuyant sur les données pour déterminer de manière appropriée le degré et la durée de cette orientation restrictive. Plus particulièrement, les décisions du Conseil des gouverneurs relatives aux taux d'intérêt seront fondées sur son évaluation des perspectives d'inflation compte tenu des données économiques et financières, de la dynamique de l'inflation sous-jacente et de la force de la transmission de la politique monétaire.

Taux d'intérêt directeurs de la BCE

Le taux d'intérêt des opérations principales de refinancement ainsi que ceux de la facilité de prêt marginal et de la facilité de dépôt demeureront inchangés, à respectivement 4,50 %, 4,75 % et 4,00 %.

Seule la Banque du Japon a conservé une politique monétaire extrêmement souple avec des taux d'intérêt très faibles. Le différentiel de taux d'intérêt en faveur des autres monnaies a rendu ces dernières plus attractives et a logiquement entraîné leur renforcement et l'affaiblissement du yen, comme le montre l'évolution de la paire EUR/JPY ci-dessous.

<u>Cours EUR/JPY en données hebdomadaires</u> :

2 – 3 – 2 Sur les marchés de taux d'intérêt

Les taux d'intérêt de marché sont ceux auxquels empruntent l'État, les organismes sociaux, les collectivités locales, les entreprises publiques ou privées, sur des durées courtes (inférieures à 2 ans) ou longues (10, 30 voire 50 ans dans le cas de l'État). Ces taux fluctuent librement en fonction du jeu de l'offre et de la demande. Les principaux déterminants de cette offre et de cette demande sont :

    – la qualité de signature de l'emprunteur : une dégradation de la qualité de signature d'un emprunteur augmente le risque pour le prêteur et le conduit donc à exiger un taux d'intérêt plus élevé ;

– les anticipations d'inflation des investisseurs : une anticipation d'accélération de l'inflation fait craindre au prêteur une dévalorisation de son capital par l'érosion monétaire et le conduit donc à exiger un taux d'intérêt plus élevé.

Par exemple, le taux d'intérêt auquel emprunte la France a fortement varié ces dernières années.

Sous l'effet de la désinflation, il a d'abord connu une longue période de baisse à partir des années 1980. Cette baisse s'est poursuivie après la crise financière de 2008 et la crise des dettes européennes de 2011-2012 grâce aux achats d'emprunts d'État par la BCE, qui ont représenté plusieurs dizaines de milliards d'euros en année pleine. En venant renforcer la demande de titres, la BCE a contribué à faire baisser le taux d'intérêt qu'avait à proposer l'État français pour placer ses OAT jusqu'à le rendre voisin de zéro, voire négatif à certaines périodes.

Le retour de l'inflation au début des années 2020 a amené les investisseurs à revoir à la hausse leurs exigences en termes de taux d'intérêt sur les OAT. En quelques mois, le taux de rendement à l'émission – le taux proposé par l'État français – est passé d'un niveau proche de zéro à environ 3,50 %.

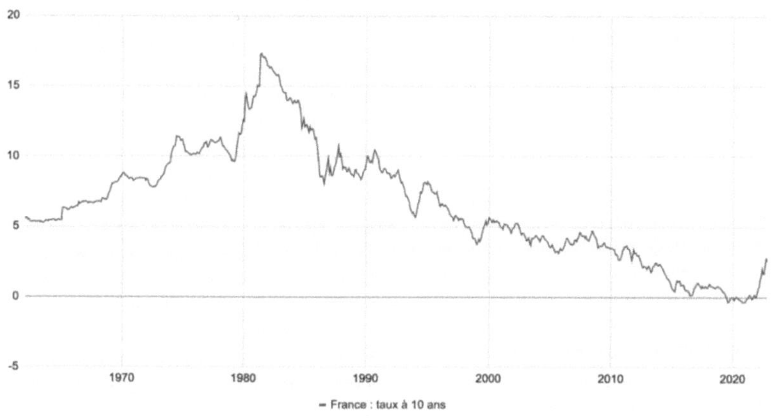

Source : indice TEC 10, Banque de France

Ces variations des taux d'intérêt exigés par les investisseurs ont un impact direct sur la valorisation des différents titres de dettes, qu'il s'agisse de titres de créance négociables ou d'obligations.

De façon empirique dans un premier temps, prenons l'exemple d'un investisseur qui aurait acheté en février 2018 l'OAT de code ISIN FR0013313582, de taux nominal 1,25 % avec une échéance au 25 mai 2034.

OAT 1,25 % 25 MAI 2034

Sous-titre	OBLIGATIONS ASSIMILABLES DU TRÉSOR (OAT)
Code ISIN	FR0013313582
Nature du titre	Nominal, taux fixe
Devise d'émission	Euro
Valeur nominale	1 Euro
Maturité	25/05/2034
Amortissement	In fine et au pair à la date de maturité
Coupon	1,25 %

Source : Agence France Trésor

Six ans plus tard, en février 2024, cette obligation a une durée de vie résiduelle de 10 ans et 3 mois.

Mais compte tenu du retour de l'inflation, le taux de rendement à l'émission des OAT à 10 ans est désormais de l'ordre de 2,90 %.

Taux indicatifs des bons du Trésor et OAT 21 Févr. 2024

	15/02/2024	16/02/2024	19/02/2024	20/02/2024	21/02/2024
1 mois	3,7990	3,7990	3,8940	3,9080	3,8421
3 mois	3,8430	3,8390	3,8470	3,8350	3,8390
6 mois	3,7730	3,7810	3,7760	3,7490	3,7780
9 mois	3,5990	3,6320	3,6350	3,5660	3,5920
1 an	3,4700	3,4960	3,4960	3,4700	3,5050
2 ans	2,8670	2,9200	2,9100	2,8640	2,9480
5 ans	2,6651	2,7106	2,7108	2,6651	2,7443
10 ans	2,8410	2,8740	2,8860	2,8490	2,9280
30 ans	3,3280	3,3330	3,3680	3,3350	3,3960

Source : Banque de France

Dans l'hypothèse où notre investisseur souhaiterait revendre son obligation parce qu'il a besoin de fonds, il est assez aisé de comprendre qu'il ne pourra pas la vendre au même prix qu'une obligation récente qui rapporte du 2,90 % sur la même durée de 10 ans alors que la sienne ne rapportera que du 1,25 %.

À quel prix pourra-t-il alors vendre son obligation ? Pour le déterminer, il convient d'utiliser la méthode de l'actualisation des flux futurs (« *Discounted Cash-Flows* »).

<u>Zoom sur la méthode des « *Discounted Cash-Flows* »</u> :

De façon générale, la valeur d'un actif est égale à la somme de la valeur actuelle des flux de revenus futurs qu'il procurera :

$$V = \frac{F_1}{(1 + R)} + \frac{F_2}{(1 + R)^2} + \frac{F_3}{(1 + R)^3} + \ldots + \frac{F_N}{(1 + R)^N}$$

R étant le taux de rendement souhaité par l'investisseur.

L'évaluation des obligations **<u>à taux fixe</u>** obéit rigoureusement à ce principe de l'actualisation des flux futurs :

– F_1 étant le prochain coupon (valeur nominale x taux d'intérêt nominal) à percevoir, F_2 le coupon de l'année suivante et F_N le coupon et la valeur de remboursement à percevoir à l'échéance de l'obligation ;

– R étant le taux de rendement souhaité par l'investisseur.

Au cas présent, puisque les nouvelles obligations rapportent du 2,90 %, le prix de vente de l'obligation de taux nominal 1,25 % devra être tel que le taux de rendement pour l'acquéreur soit de 2,90 % :

Valeur nominale (en % du nominal)	100,00
Taux d'intérêt nominal	1,25%
Taux de rendement à 10 ans au 25 février 2024	2,90%

Dates	25 mai 2024	25 mai 2025	25 mai 2026	25 mai 2027	25 mai 2028	25 mai 2029
Période	0,25	1,25	2,25	3,25	4,25	5,25
Flux	1,25	1,25	1,25	1,25	1,25	1,25
DCF	**1,24**	**1,21**	**1,17**	**1,14**	**1,11**	**1,08**

Dates	25 mai 2030	25 mai 2031	25 mai 2032	25 mai 2033	25 mai 2034	Valeur de l'obligation
Période	6,25	7,25	8,25	9,25	10,25	
Flux	1,25	1,25	1,25	1,25	101,25	
DCF	**1,05**	**1,02**	**0,99**	**0,96**	**75,54**	**86,49**

Notre investisseur pourra donc revendre son obligation à un cours égal à 86,49 % du nominal dans l'hypothèse d'un taux de rendement de l'OAT à 10 ans de 2,90 % :

– Il devra accepter une moins-value de – 13,51 % s'il souhaite revendre son obligation (moins-value qu'il ne subirait pas en conservant son obligation jusqu'à son échéance en 2034) ;

– L'acquéreur, même s'il n'est rémunéré qu'à 1,25 % sur les 10 prochaines années, fera une opération à 2,90 % de taux de rendement grâce à la décote de 13,51 % à l'achat.

L'historique d'adjudication des différentes souches de cette obligation de 1,25 % de taux nominal illustre bien ce mécanisme :

– Entre 2019 et 2021, lorsque le taux de rendement à l'émission des OAT est nul, voire négatif, elle est adjugée à des valeurs comprises entre 115 et 120 % de sa valeur nominale, puisque son rendement est plus attractif ;

– À partir de 2022, lorsque le taux de rendement à l'émission des OAT repasse au-dessus de 1,25 %, elle devient moins attractive et elle est donc souscrite à des valeurs inférieures à sa valeur nominale.

Ce mécanisme de valorisation des titres à taux d'intérêt fixe explique que l'on puisse souvent entendre ou lire que « *le cours des obligations baisse quand les taux montent* » ou inversement que « *le cours des obligations monte quand les taux baissent* », ou bien encore que « *le cours des obligations évolue à l'inverse des taux* ».

Les obligations à taux variable ou indexées sur l'inflation ne sont évidemment pas concernées par ce mécanisme. Puisque leur coupon s'ajuste, leur valeur en capital n'a pas à varier.

Historique de l'encours				
Date	Type d'opération	Volume total émis (€)	Prix moyen pondéré (%)	Taux moyen pondéré (%)
01/02/2018	Adjudication	3 310 000 000	98,79	1,33
05/04/2018	Adjudication	1 091 000 000	101,64	1,14
03/05/2018	Adjudication	1 243 000 000	100,46	1,22
05/07/2018	Adjudication	1 615 000 000	103,00	1,04
06/09/2018	Adjudication	1 375 000 000	101,98	1,11
04/10/2018	Adjudication	1 420 000 000	100,24	1,23
10/01/2019	Adjudication	2 410 000 000	101,98	1,11
07/03/2019	Adjudication	2 996 000 000	103,67	0,99
04/04/2019	Adjudication	2 144 000 000	106,32	0,80
02/05/2019	Adjudication	3 410 000 000	106,62	0,78
04/07/2019	Adjudication	2 050 000 000	114,91	0,23
05/09/2019	Adjudication	1 513 000 000	118,91	-0,03
07/11/2019	Adjudication	1 182 000 000	114,47	0,24
06/02/2020	Adjudication	2 043 000 000	115,46	0,16
05/03/2020	Adjudication	3 972 000 000	119,19	-0,09
02/07/2020	Adjudication	2 810 000 000	115,75	0,11
01/10/2020	Adjudication	1 957 000 000	118,32	-0,09
05/08/2021	Adjudication	2 205 000 000	115,86	0,01
04/08/2022	Adjudication	1 867 000 000	96,61	1,57
02/03/2023	Adjudication	3 671 000 000	80,91	3,31
07/12/2023	Adjudication	2 010 000 000	86,50	2,75

Source : Agence France Trésor

2 – 3 – 3 Sur les marchés d'actions

En théorie, la valorisation d'une action par l'actualisation de ses flux futurs devrait aussi pouvoir s'appliquer.

Dans les faits, les résultats de la méthode des « *Discounted Cash-Flows* » appliquée aux actions sont beaucoup plus incertains faute de pouvoir disposer comme pour les obligations de flux de revenus fixes et d'une échéance avec une valeur de rachat connue.

Les fondamentaux de chaque entreprise jouent évidemment leur rôle, mais force est de constater que la tendance générale du marché exerce une influence non négligeable sur la tendance de chaque action prise individuellement.

CAC 40 GR en données mensuelles :

Cette influence a été formalisée dans le Modèle d'Évaluation des Actifs Financiers (MEDAF).

Plus que de chercher à déterminer la valeur d'une action, le Modèle d'Évaluation des Actifs Financiers explique sa rentabilité en fonction de la rentabilité globale du marché et du risque spécifique de l'action.

$$R_{action} = R + \beta_{action} \ x \ (R_{marché} - R)$$

Avec : R_{action}, la rentabilité espérée de l'action

R, le taux sans risque

β_{action}, le coefficient bêta de l'action

$R_{marché}$, la rentabilité espérée du marché

Le coefficient bêta de l'action est le rapport entre les volatilités de la rentabilité de l'action et de celle du marché. Il mesure le risque spécifique et non diversifiable de l'action considérée. Il mesure en même temps le degré de corrélation de la rentabilité de l'action à celle du marché : si une action a un bêta de 1,2, cela signifie qu'elle varie de 1,2 % pour une variation de 1 % du marché.

Par ailleurs, faute de pouvoir disposer de mécanismes de valorisation indiscutables comme pour les obligations à taux fixe, l'appréciation de la valeur des actions laisse une large part à la subjectivité humaine, et notamment aux deux sentiments que sont l'avidité et la peur (« *Greed & Fear* »).

Source : CNN Fear & Greed Index

De ce fait, les marchés d'actions sont beaucoup plus souvent sujets à des phénomènes d'excès haussiers ou baissiers, voire donnent lieu à des bulles spéculatives.

Enfin, les politiques monétaires non conventionnelles des banques centrales dans les années 2010 ont aussi largement contribué à la valorisation des actions. En réduisant la rémunération sur les obligations qui constituaient traditionnellement la majeure partie des investissements des investisseurs institutionnels, ces politiques monétaires ont créé un effet appelé TINA (« *There Is No Alternative* »), poussant ces investisseurs à chercher du rendement en achetant des actions cotées et même non cotées (via le *private equity* et le *venture capital*).

Le graphique ci-dessous qui superpose l'évolution de la liquidité fournie par les banques centrales et celle du S&P 500 montre bien cette influence des « *Quantitative Easing* » sur la valorisation des marchés d'actions.

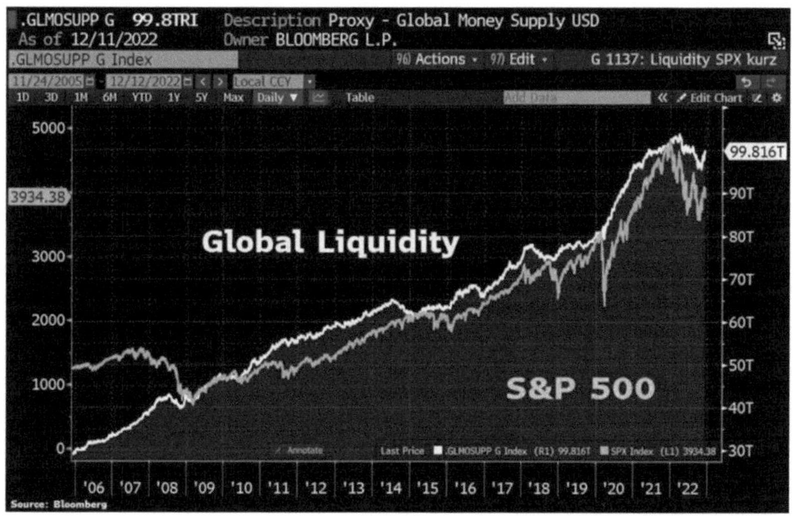

Le cours des « *commodities* » résulte de l'ajustement entre offre, demande et stocks, auquel s'ajoute parfois une dimension géopolitique, particulièrement pour le pétrole mais que l'on retrouve aussi pour les matières premières agricoles ou certains métaux.

Le cours du pétrole, qu'il s'agisse du West Texas Intermediate (WTI) ou du Brent de Mer du Nord, en fournit une bonne illustration :

– La forte baisse de la demande et des stocks au plus haut du fait des confinements pendant l'épidémie de Covid ont provoqué un effondrement des cours ;

– A contrario, les réductions de production décidées à intervalles réguliers par l'OPEP+ contribuent à soutenir les cours.

Cours du pétrole WTI en données mensuelles :

> **Il convient aussi de souligner que certains actifs sont considérés comme des valeurs refuges (« *safe haven* »), ce qui les rend particulièrement recherchés en cas de crise : le franc suisse (CHF), le yen japonais (JPY), l'or et les obligations d'État (T-Bond et Bund notamment).**

2 – 3 – 5 Influence de l'agenda économique et financier

Les différents déterminants des cours des actifs financiers, qu'il s'agisse des publications de résultats des sociétés, des statistiques d'inflation ou d'emploi suivies par les banques centrales, des communiqués et conférences de presse de ces mêmes banques centrales ou encore des stocks de pétrole, font l'objet d'un agenda hebdomadaire précis, connu à l'avance, librement accessible sur des sites comme Investing.com ou ZoneBourse, et que chaque investisseur se doit évidemment de consulter.

Exemple d'agenda économique :

Heure	Devi.	Importance	Événement	Actuel	Prév.	Précédent
10:00	USD	★ ★ ☆	Rapport mensuel de l'AIE			
11:00	EUR	★ ★ ☆	Indice ZEW - Situation actuelle Allemagne (Nov.)		-75,5	-79,9
11:00	EUR	★ ★ ☆	Indice ZEW - Sentiment économique Allemagne (Nov.)		2,5	-1,1
11:00	EUR	★ ★ ☆	PIB (Annuel) (T3) p		0,1%	0,5%
11:00	EUR	★ ★ ☆	Indice ZEW du sentiment économique (Nov.)			2,3
14:30	USD	★ ★ ★	IPC core (Mensuel) (Oct.)		0,3%	0,3%
14:30	USD	★ ★ ☆	IPC core (Annuel) (Oct.)		4,1%	4,1%
14:30	USD	★ ★ ★	IPC (Annuel) (Oct.)			3,7%
14:30	USD	★ ★ ★	IPC (Mensuel) (Oct.)		0,1%	0,4%
14:45	GBP	★ ★ ☆	Discours de Pill, membre du MPC de la BoE			
22:30	USD	★ ★ ☆	Stocks hebdomadaires de brut API			11,900M
22:45	NZD	★ ★ ☆	Dépenses par carte - ventes au détail (Mensuel) (Oct.)			-0,8%
			Mercredi 15 novembre 2023			
00:50	JPY	★ ★ ★	PIB (Trimestriel) (T3) p		-0,1%	1,2%
00:50	JPY	★ ★ ☆	PIB (Annuel) (T3) p		-0,6%	4,8%
01:30	AUD	★ ★ ☆	Indice des coûts salariaux (Trimestriel) (T3)		1,3%	0,8%
03:00	CNY	★ ★ ☆	Investissement en immobilisations (Annuel) (Oct.)		3,1%	3,1%
03:00	CNY	★ ★ ☆	Production industrielle (Annuel) (Oct.)		4,3%	4,5%

Exemple d'agenda financier :

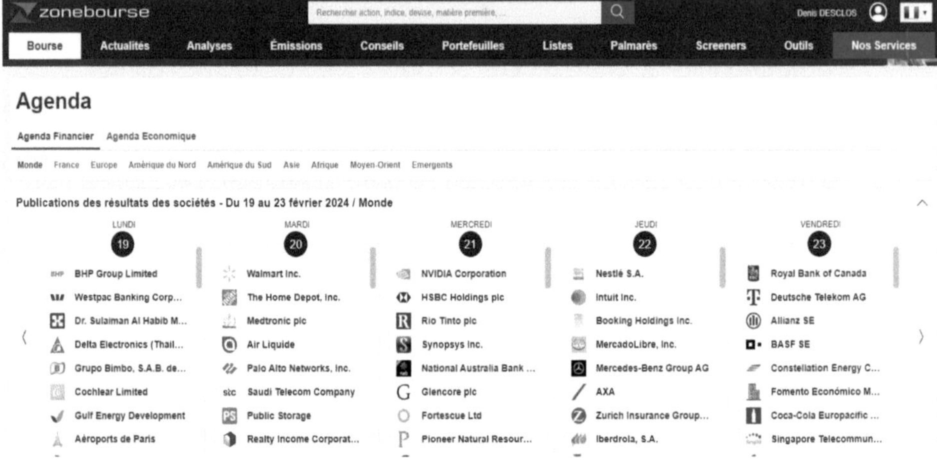

CHAPITRE 3

Les différents types
d'instruments financiers

Les actifs financiers décrits précédemment existent en tant que tels : une devise est la monnaie d'un pays, une obligation représente une créance de son acquéreur sur son émetteur, une action représente une partie d'une entreprise et les « *commodities* » ont par définition une existence propre puisque physique.

Un instrument financier n'existe, lui, que par rapport à un de ces actifs financiers :

— Un instrument peut être un produit d'investissement collectif : un OPCVM, un ETF ou le fonds en euros des contrats d'assurance-vie ;

— Il peut aussi s'agir d'un produit dérivé : un contrat « *future* », une option, un warrant, un turbo ou un CFD (« *Contracts for difference* »).

Ces instruments, produits d'investissement collectifs ou produits dérivés (cette deuxième catégorie étant à manier avec des précautions), permettent aux investisseurs particuliers d'investir avec une surface financière moins importante et d'accéder à des marchés auxquels ils n'auraient sinon pas accès.

Par ailleurs, il faut souligner que les investisseurs, en Bourse ou ailleurs, ont le plus souvent un biais « long ». Que ce soit pour l'immobilier, l'or, les œuvres d'art ou les actifs cotés sur les marchés financiers, l'opération la plus courante consiste à acheter, attendre que la valeur monte et revendre.

Il est vrai que les périodes de hausse des actifs cotés ou non cotés ont été dans le passé beaucoup plus longues que les périodes de baisse.

On entend souvent dire que les marchés, notamment les marchés d'actions, prennent l'escalier pour monter et l'ascenseur pour descendre (quand ils ne se jettent pas par la fenêtre en cas de krach boursier).

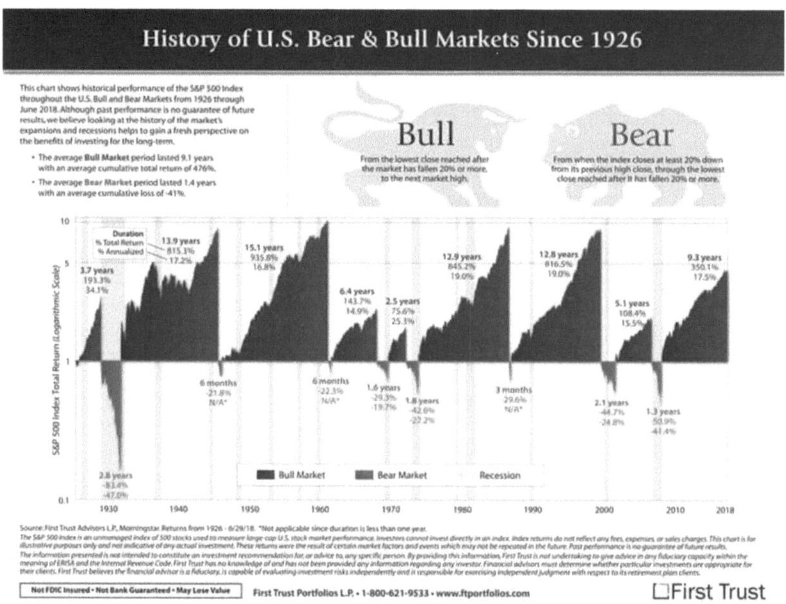

Néanmoins, les phases de baisse existent. Si elles sont souvent de plus courte durée (2000-2003, 2007-2009 ou au premier trimestre 2020) que les périodes de hausse, elles n'en demeurent pas moins assez violentes.

Dans les phases de baisse de cours d'un actif, seuls les instruments financiers portant sur l'actif concerné permettent à des investisseurs non professionnels d'être investis à la baisse.

<u>CAC 40 GR en données mensuelles</u> :

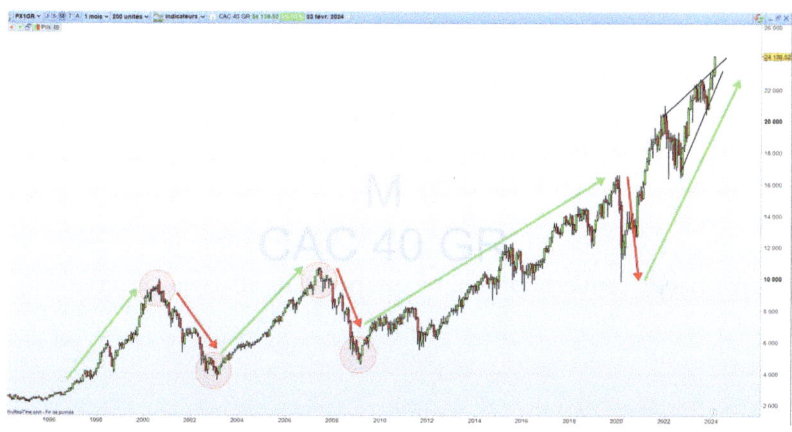

3 – 1 Les instruments collectifs

3 – 1 – 1 Les OPCVM

Les Organismes de Placement Collectif en Valeurs Mobilières (OPCVM) sont des instruments collectifs qui permettent à chaque souscripteur de détenir une partie d'un portefeuille de valeurs mobilières (actions, obligations…) commun à tous les souscripteurs.

La gestion de ce portefeuille est confiée à un professionnel ayant le statut de société de gestion agréée par l'AMF. En souscrivant une part d'OPCVM, chaque épargnant peut accéder à un portefeuille diversifié géré par un professionnel. La société de gestion est rémunérée par des frais de gestion prélevés sur l'encours géré.

Les parts d'un OPCVM peuvent être souscrites puis rachetées à leur valeur liquidative, qui est le plus souvent quotidienne, et peuvent être détenues sur un compte-titres ou, sous réserve d'éligibilité, dans un PEA ou en unités de compte dans un contrat d'assurance-vie ou de capitalisation.

Un OPCVM peut prendre la forme d'une Société d'Investissement à Capital Variable (SICAV) ou d'un Fonds Commun de Placement (FCP).

Il existe différentes catégories d'OPCVM selon leur politique d'investissement : OPCVM monétaires, OPCVM obligataires, OPCVM actions, OPCVM diversifiés.

En fonction de leur catégorie, les OPCVM présentent évidemment des profils de rendement/risque qui peuvent être très différents.

Nom	Catégorie	VL	Risque	Veille	1 Janv. ▼	1 an	3 ans
HSBC GLOBAL INVESTMENT FUNDS TURKEY EQUITY A	Actions Turquie	54.90 EUR	6	0.28%	22.46%	33.31%	146.65%
PRÉVOIR PANGEA R	Actions Monde Grandes Capitalisations	288.41 EUR	4	5.40%	21.62%	37.17%	37.04%
BNP PARIBAS FUNDS TURKEY EQUITY CLASSIC CAPITALISATION	Actions Turquie	282.28 EUR	6	0.30%	21.52%	44.42%	106.39%
CM-AM INDICIEL JAPON 225 RC	Actions Japon	307.12 EUR	4	2.16%	17.41%	49.68%	35.12%
FEDERAL INDICIEL JAPON H	Actions Europe	202.26 EUR	5	2.18%	17.36%	50.29%	35.75%
PREVOIR GESTION ACTIONS I	Actions Zone Euro	2910.73 EUR	5	3.72%	16.38%	24.32%	16.39%
PREVOIR GESTION ACTIONS C	Actions Zone Euro	564.20 EUR	5	3.72%	16.25%	23.34%	13.65%
LUZ GLOBAL PRICING POWER A	Actions Monde	141.95 EUR	5	3.55%	16.03%	22.87%	24.77%
SYCOMORE FUND SICAV SYCOMORE SUSTAINABLE TECH AC	Actions Monde Technologies	124.04 EUR	5	4.36%	15.81%	50.99%	-

Source : Funds360

Les principales caractéristiques de chaque OPCVM (objectifs et politique d'investissement, profil de risque et de rendement, frais, performances passées, informations pratiques) sont synthétisées dans le « Document d'Informations Clés pour l'Investisseur » (DICI).

Notons que quelques rares OPCVM peuvent répliquer à la baisse d'un indice.

Il existe aussi d'autres types d'OPC investis sur des actifs non cotés comme les Sociétés Civiles de Placement Immobilier (SCPI) ou les fonds de capital-investissement (FCPR, FCPI, FIP) qui investissent dans les sociétés innovantes (dites « techs »).

3 – 1 – 2 Les ETF

Un « *Exchange Traded Fund* » (ETF) ou « *tracker* » est aussi un produit d'investissement collectif. C'est un fonds indiciel qui a pour objectif de répliquer au mieux un indice, qu'il s'agisse d'un indice boursier ou obligataire, d'un indice sectoriel ou de prix des matières premières.

Par rapport à un OPCVM, un ETF a la particularité d'être coté en continu, c'est-à-dire qu'il peut être acheté et revendu dans la journée (pendant les horaires d'ouverture de 9 h à 17 h 35 pour la Bourse de Paris). Par ailleurs, s'agissant d'une gestion totalement passive, les ETF supportent des frais de gestion moindres.

Certains ETF offrent la possibilité d'un effet de levier, généralement de 2, qui peut aussi être inversé.

Ainsi, un ETF qui réplique le CAC 40 avec un levier <u>non inversé</u> de 2 se valorise de 2,40 % lorsque le CAC 40 est <u>en hausse</u> de 1,20 %. A contrario, un ETF qui réplique le CAC 40 avec un levier <u>inversé</u> de 2 se valorise de 2,40 % lorsque le CAC 40 est <u>en baisse</u> de 1,20 %.

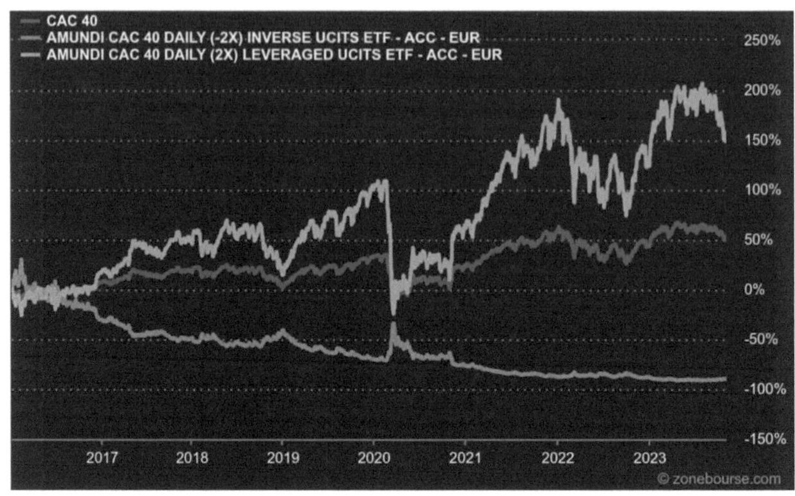

3 – 1 – 3 *Le fonds en euros des contrats d'assurance-vie*

Un contrat d'assurance-vie ou de capitalisation est un produit d'épargne avec des règles comptables, juridiques et fiscales spécifiques.

Au sein d'un contrat d'assurance-vie ou de capitalisation, l'épargne peut être investie :

– en fonds en euros ⇨ Le risque est alors porté par l'assureur et le capital investi est garanti ;

– en unités de compte ⇨ Le risque est porté par l'assuré.

Le fonds en euros (ou actif général de la compagnie) est investi (en direct ou via des OPCVM) en obligations, actions, immobilier, et parfois en *private equity* et *venture capital*.

Les unités de compte peuvent être constituées, au gré de l'assureur, par des parts d'OPCVM, des titres vifs, voire des SCPI.

Bilan synthétique d'une société d'assurance vie	
Actif	**Passif**
Actifs incorporels	**Fonds propres**
Placements financiers -Produits de taux -Actions -Immobilier	**Provisions techniques**
Créances	**Dettes**

La réglementation du fonds en euros par le Code des Assurances permet à l'assureur de constituer, avec une partie des résultats du portefeuille, une Provision pour Participation aux Excédents (PPE) à reverser aux assurés au cours des 8 années suivantes.

Bien qu'investie dans des actifs cotés de type actions ou obligations, la rémunération servie aux assurés sur le fonds en euros est donc lissée dans le temps par les assureurs, comme le montre l'évolution du rendement des fonds au cours du dernier quart de siècle.

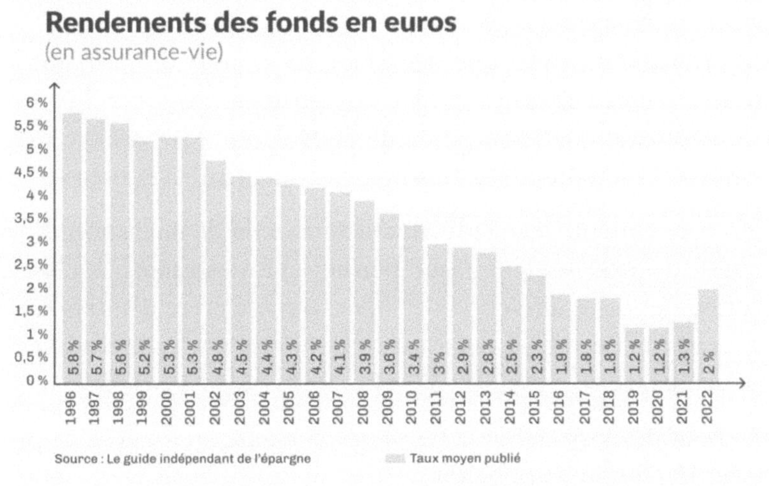

3 – 2 Les produits dérivés

Les premiers produits dérivés, contrats *futures* et options négociables notamment, ont été créés à des fins de couverture, pour permettre aux agents économiques de se couvrir contre les risques de fluctuation de prix, notamment des matières premières, des devises ou des taux d'intérêt.

Par exemple, un fabricant d'avions européen peut vouloir se couvrir contre une baisse du dollar sur la part de ses ventes réalisées dans cette monnaie, ou une compagnie aérienne cherchera à se protéger contre une hausse du cours du pétrole qui renchérirait son coût d'approvisionnement en kérosène et mettrait en péril sa rentabilité.

Les intervenants sur le marché de produits dérivés ne sont pas que des entreprises à la recherche d'une protection contre les fluctuations des cours. Les « spéculateurs » (hedge funds, etc.) y interviennent aussi pour tenter de faire des profits en pariant sur l'évolution des cours.

Ces « spéculateurs » ont une utilité économique par la liquidité qu'ils apportent au marché en se portant contrepartie des entreprises qui viennent se couvrir.

En effet, s'il n'y avait que des « hedgers » (ceux qui utilisent les futures comme instrument de couverture) sur un marché, il est peu probable que les besoins de couverture à la baisse correspondent exactement aux besoins de couverture à la hausse.

Plus récemment, avec l'informatisation et la digitalisation croissantes de nos sociétés, qui permettent désormais à chacun d'effectuer des transactions en ligne, ont été créés d'autres types de produits dérivés, à destination notamment des investisseurs particuliers.

On peut dès lors établir la typologie suivante en matière de produits dérivés en distinguant :

– Les produits dérivés ayant un comportement « symétrique »,
i.e. pour lesquels, à variation égale du cours du sous-jacent
dans un sens ou dans l'autre, le risque de perte est égal à l'espérance de gain ;

– Les produits dérivés ayant un comportement « asymétrique », i.e. pour lesquels, à variation égale du cours du sous-
jacent dans un sens ou dans l'autre, le risque de perte est
moindre que l'espérance de gain ;

– Les produits dérivés négociables sur un marché réglementé ;

– Les produits dérivés pour lesquels la contrepartie à l'achat
ou à la vente est le broker émetteur du produit.

	Négociés sur un marché réglementé	Emis par un broker
Comportement « symétrique »	Futures	CFD
Comportement « asymétrique »	Options	Warrants, turbos

✒ **Il convient de se montrer vigilant dans le choix d'un broker à qui l'on confie des capitaux.**

**Choisir un broker régulé par l'ESMA (*European Securities
and Markets Authority*) est un minimum, mais n'apporte
pas toujours une sécurité suffisante, s'agissant par exemple
de brokers d'une certaine île de Méditerranée membre de
l'Union européenne…**

**L'idéal est donc de choisir un broker régulé par l'AMF et
disposant de (vrais) bureaux en France.**

**L'adage populaire « *Avoir pignon sur rue* » n'est pas dénué
de bon sens…**

Les mécanismes des contrats à terme

Un contrat à terme peut être un contrat de type « *forward* » ou « *future* ».

Un contrat à terme *forward* ou *future* est l'engagement d'acheter ou de vendre une quantité donnée d'actifs sous-jacents à une date d'échéance donnée, au prix spécifié lorsque le contrat est conclu (i.e. acheté ou vendu).

Les contrats à terme constituent une promesse ferme, c'est-à-dire que l'acheteur du contrat à la date d'expiration s'engage à acheter l'actif sous-jacent au prix convenu.

Le vendeur du contrat quant à lui doit, à la date d'expiration, livrer l'actif sous-jacent ou son équivalent en espèces, selon les caractéristiques du contrat.

Le contrat *forward* est un contrat de gré à gré, qui peut faire naître des risques de solvabilité ou de non-respect des clauses du contrat à l'échéance.

Le contrat à terme de type *future* permet d'éliminer le risque de défaut du contractant grâce à la mise en place d'une chambre de compensation, de la standardisation des contrats, d'un dépôt de garantie et d'un système d'appels de marge.

Un contrat *future* est donc un contrat standardisé négociable sur un marché permettant de s'engager à acheter (pour l'acheteur du contrat) ou à vendre (pour le vendeur du contrat) un actif (appelé sous-jacent) à un prix et à une date fixés à l'avance. Le cours d'un contrat à terme réplique le cours de l'actif sous-jacent au coût du portage près.

Il existe des contrats à terme sur matières premières (blé, pétrole, métaux, etc.), sur taux d'intérêt, indices boursiers, etc.

Il est possible d'ouvrir une position indifféremment en achetant ou en vendant un contrat à terme. Inversement, la position ouverte peut être fermée en rachetant ou en revendant ce même contrat à terme avant la date d'échéance.

Les positions ouvertes peuvent aussi être clôturées avant la date d'expiration du contrat *future*.

Un opérateur qui souhaite se couvrir contre la hausse du prix d'un actif sous-jacent achètera le contrat à terme sur ce sous-jacent, ce qui l'engagera à acquérir l'actif sous-jacent, ou l'équivalent en espèces, à un prix préconvenu et à une certaine date.

Un opérateur qui souhaite se couvrir contre la baisse d'un actif sous-jacent vendra le contrat à terme sur ce sous-jacent, ce qui l'engagera à livrer l'actif sous-jacent, ou l'équivalent en espèces, à un prix préconvenu et à une certaine date.

Si à la clôture de la position, ou au plus tard à la date d'échéance, le prix du support du contrat est supérieur au prix spécifié à la conclusion du contrat, l'acheteur du contrat réalise un profit et le vendeur du contrat subit une perte.

À l'inverse, si à la clôture de la position ou au plus tard à la date d'échéance, le prix du support du contrat est inférieur au prix spécifié à la conclusion du contrat, l'acheteur du contrat subit une perte et le vendeur réalise un profit.

Les caractéristiques des contrats *futures*

Il existe toutes sortes de contrats *futures* dont les caractéristiques sont déterminées en fonction des besoins exprimés par les agents économiques :

- Le sous-jacent : « *commodity* » (blé, pétrole…) ou instrument financier (taux d'intérêt, indice boursier…)
- Le montant notionnel : quantité (dans le cas des « *commodities* ») ou montant nominal (pour les instruments financiers) sur lequel porte le contrat
- Le mode de cotation (en pourcentage ou en valeur)
- La variation minimale du prix (le « *tick* »)
- Les échéances, mensuelles ou trimestrielles
- Le mode de liquidation : par livraison du sous-jacent ou par compensation financière

Pour valoriser les contrats *futures* sur indices boursiers, une valeur est donnée au point d'indice, par exemple 10 € le point pour le contrat *future* sur le CAC 40 et 25 € le point sur le Dax. Toutefois, il existe aussi des contrats *futures* mini-CAC 40 à 1 € du point, mini-Dax à 5 € du point et même des micro-Dax à 1 € du point.

En ce qui concerne la valorisation des contrats *futures* sur taux d'intérêt, on utilise généralement une obligation « notionnelle ». Ainsi, le contrat *future* Euro-OAT disponible sur Eurex a pour sous-jacent une OAT fictive d'une durée de vie de 10 ans avec un taux nominal de 6 %. La valeur du contrat future est déterminée comme pour une obligation classique, c'est-à-dire en actualisant les flux futurs de l'obligation notionnelle, fussent-ils fictifs, au taux de rendement à l'émission des OAT à 10 ans (cf. supra § 2 – 3 – 2). Le cours du contrat *future* Euro-OAT baisse quand les taux montent et inversement.

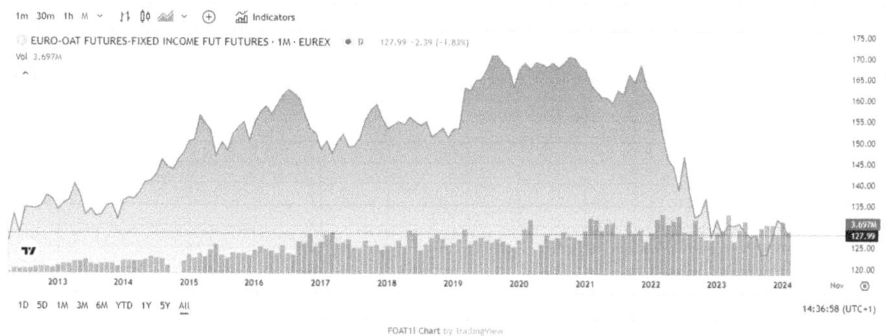

Source : Eurex

<u>Exemple</u> : Contrat *future* sur indice CAC 40

Le contrat à terme sur l'indice CAC 40 a les caractéristiques suivantes :

- Le sous-jacent est l'indice CAC 40

- La cotation est exprimée en points d'indice

- Un point d'indice équivaut à 10 €

- La variation minimale du cours est de 0,5 point, soit 5 € par contrat

Un investisseur anticipe une hausse du CAC 40 et achète 1 contrat « *future* » sur l'indice CAC 40. Il est tenu d'effectuer un dépôt de garantie égal à 7 700 points x 10 € x 10 % = **7 700 €.**

Date	Opération	Cours de compen-sation	Appel de marge
09/02/2024	Achat à 7 700	7 705	$(7\,705 - 7\,700)$ x 10 € x 1 contrat $= + \mathbf{50\ €}$
12/02/2024		7 712,5	$(7\,712,5 - 7\,705)$ x 10 € x 1 contrat $= + \mathbf{75\ €}$
13/02/2024		7 627,5	$(7\,627,5 - 7\,712,5)$ x 10 € x 1 contrat $= - \mathbf{850\ €}$
14/02/2024		7 727,5	$(7\,727,5 - 7\,627,5)$ x 10 € x 1 contrat $= + \mathbf{1\,000\ €}$
15/02/2024	Revente à 7 800 points		$(7\,800 - 7\,727,5)$ x 10 € x 1 contrat $= + \mathbf{725\ €}$

Les appels de marge quotidiens peuvent être positifs ou négatifs. Ils permettent à la chambre de compensation de s'assurer de la solvabilité de chaque acheteur et vendeur de contrats *futures*.

En déposant seulement 7 700 € pour une exposition notionnelle de 77 000 € (7 700 points x 10 € du point), cet investisseur a réalisé un gain de 1 000 €, soit une rentabilité de 1 000 / 7 000 = 14,28 %.

Les contrats *futures* offrent donc la possibilité d'un effet de levier qui joue autant en termes de gains que de pertes. Il est donc absolument indispensable de définir son risque de perte maximum acceptable et de placer un ordre *stop loss* en conséquence.

3 – 2 – 2 Les CFD (« Contracts For Difference »)

Les CFD fonctionnent sur le même principe que les contrats *futures*. Ils présentent trois principaux avantages par rapport aux contrats futures, notamment pour les investisseurs particuliers :

1) Des tailles de contrat réduites sur certains actifs

Si cet avantage s'est un peu estompé avec la création des micro *futures*, il reste quand même présent dans certains cas.

Ainsi, avec une valeur du point de 0,50 $, le contrat *future* Micro E-mini DJ30 est beaucoup plus accessible pour un investisseur particulier que son grand frère E-mini DJ30 dont la valeur du point est fixée à 5 $.
Mais il est possible de trouver des CFD sur le Dow Jones à 1 € du point avec la possibilité de passer des transactions sur 1/5ᵉ de contrat. La valeur du point est alors ramenée à 0,20 €, ce qui le rend donc encore plus accessible que le contrat *future* Micro E-mini DJ30, notamment aux détenteurs de comptes de taille modeste en leur permettant de prendre un risque de perte moins élevé et proportionné à la taille de leur compte.

2) Des horaires de cotation élargis

Les contrats *futures* sur les indices américains cotent quasiment 24 h/24 h (avec une pause de 22 h 15 à 22 h 30) du dimanche soir minuit au vendredi soir. Il n'en va pas de même pour tous les indices. Le contrat future CAC 40 cote seulement de 8 h à 22 h. Les CFD sur indices boursiers proposés par certains brokers cotent 24 h/24 h du dimanche soir minuit au vendredi soir. Cette cotation proposée en dehors des horaires officiels par certains brokers, certes avec un « *spread* » (écart entre cours offert et cours demandé) élargi, permet d'éviter un risque de *gap overnight* (ouverture en forte baisse ou en forte baisse le lendemain).

3) L'existence de stop loss garantis

Les *stop loss* garantis proposés par les brokers de CFD permettent d'éviter le risque de *gap overnight* pour les CFD avec des horaires de cotation limités ou de *gap overweek-end* pour les CFD cotés 24 h/24 h.

3 – 2 – 3 Les options négociables

Les options ont été échangées de « gré à gré » à tous les âges : par Aristote sur les réservoirs d'huile d'olive dans l'Antiquité, par les marchands génois au Moyen Âge, lors de la « tulipomania » aux Pays-Bas au XVIIe siècle, sur les produits agricoles au XIXe siècle…

Les marchés d'options « négociables » ne sont apparus que dans les années 1970 : sur produits agricoles à Chicago en 1973, sur actions à Amsterdam en 1978… Le MONEP (Marché des Options Négociables de Paris) a été créé en 1987.

Définitions et caractéristiques

Une option confère à son acquéreur le droit, <u>mais non l'obligation</u>, d'acheter ou de vendre une quantité déterminée d'un actif sous-jacent, à un prix donné (prix d'exercice) pendant une période définie par une date d'échéance.

Une **option d'achat (« *call* »)** est un contrat donnant à l'acheteur de l'option le droit (mais non l'obligation) **d'acheter** un actif donné (le sous-jacent) à un prix fixé à l'avance (prix d'exercice, « *strike* ») à une date donnée.

Une **option de vente (« *put* »)** est un contrat donnant à l'acheteur de l'option le droit (mais non l'obligation) de vendre un actif donné (le sous-jacent) à un prix fixé à l'avance (prix d'exercice, « *strike* ») à une date donnée.

Une option permet donc à son acheteur, moyennant le paiement de la prime (prix de l'option) versée au vendeur, de fixer un prix d'achat ou de vente à l'avance, mais de n'exercer l'option que s'il le souhaite.

Quelques termes incontournables :

- Une option d'achat (« *call* ») est le droit d'acheter l'actif sous-jacent.

- Une option de vente (« *put* ») est le droit de vendre l'actif sous-jacent.

- L'actif sous-jacent peut être une action, une obligation, un indice boursier, une devise, une matière première…

- Le prix d'exercice (« *strike* ») est le prix auquel l'acheteur de l'option pourra acheter (cas d'un « *call* ») ou vendre (cas d'un « *put* ») l'actif sous-jacent.

- La prime est le prix de l'option.

- Une option peut être « dans la monnaie » (« *in the money* ») ou « en dehors de la monnaie » (« *out of the money* ») :

	Le cours du sous-jacent est <u>inférieur</u> au prix d'exercice	Le cours du sous-jacent est <u>supérieur</u> au prix d'exercice
option d'achat (« *call* »)	L'option est « en dehors de la monnaie »	L'option est « dans la monnaie »
option de vente (« *put* »)	L'option est « dans la monnaie »	L'option est « en dehors de la monnaie »

Les stratégies de base en matière d'options

Deux types d'options (« *call* », « *put* ») et deux types d'opérations (achat, vente) donnent naissance à quatre stratégies élémentaires possibles :

- **l'achat de « *call* »**, dans le cas d'une anticipation d'une hausse du cours de l'actif sous-jacent ;

- **la vente de « *call* »**, si une stagnation ou une baisse légère du cours du sous-jacent est anticipée ;

- **l'achat de « *put* »**, si une baisse du cours du sous-jacent est pressentie ;

- **la vente de « *put* »**, lorsqu'une stagnation ou une hausse légère du cours du sous-jacent est escomptée.

Achat de call

Un investisseur achète une option d'achat sur une action X. Le prix d'exercice de ce « *call* » est de 100 et il paye une prime de 10. À sa date d'échéance, ce « *call* » n'a que deux valeurs possibles :

— Soit il a perdu toute valeur dans le cas où le cours du sous-jacent est <u>inférieur</u> au prix d'exercice, car le droit d'acheter 100 un actif que l'on peut acheter moins cher sur le marché n'a aucune valeur ;

— Soit il a une valeur égale à la différence entre le cours du sous-jacent et le prix d'exercice si ce dernier est inférieur. En effet, l'acheteur de l'option pourrait revendre tout de suite l'action à un cours supérieur au prix d'exercice payé.

Cette opération lui ouvre la possibilité d'un gain illimité, dès lors que le cours du sous-jacent sera supérieur au point-mort (somme du prix d'exercice et de la prime du call, soit 100 + 10 = 110).

Cet investisseur prend le risque d'une perte limitée (égale, au maximum, au montant de la prime payée) si le cours du sous-jacent reste inférieur à ce point-mort.

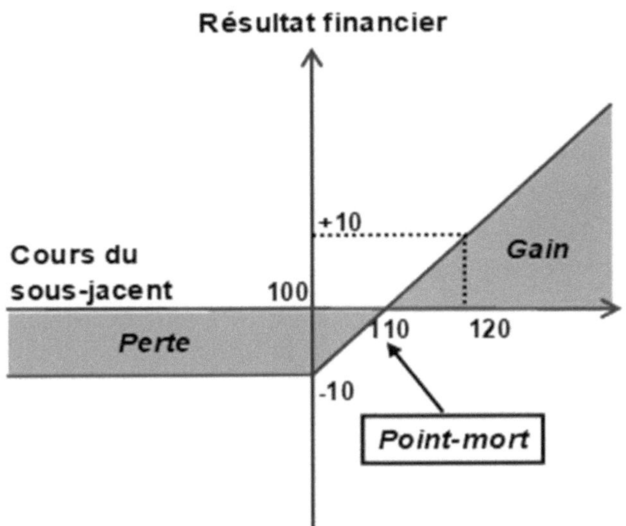

Il convient de noter le fort effet de levier qu'autorisent les options avec un gain potentiel qui peut être égal à plusieurs fois la prime investie.

Vente de call

Le vendeur de l'option d'achat de prix d'exercice 100 sur l'action X a, lui, immédiatement encaissé la prime de 10.

À la date d'échéance du « *call* », il n'y a là encore que deux possibilités :

    — Soit l'acheteur abandonne son « *call* » qui n'a aucune valeur (cas où le cours du sous-jacent est <u>inférieur</u> au prix d'exercice) ;

– Soit l'acheteur exerce l'option d'achat : le vendeur du « *call* » est alors tenu de vendre au prix d'exercice de 100 un actif qu'il devra acheter plus cher et il réalise alors une perte égale à la différence entre le cours du sous-jacent et le prix d'exercice.

Son espérance de gain est limitée au montant de la prime encaissée, sous réserve que le cours du sous-jacent reste inférieur au point-mort (somme du prix d'exercice et de la prime, soit 100 + 10 = 110).

Il encourt en revanche le risque d'une perte illimitée si le cours du sous-jacent devient supérieur au point-mort.

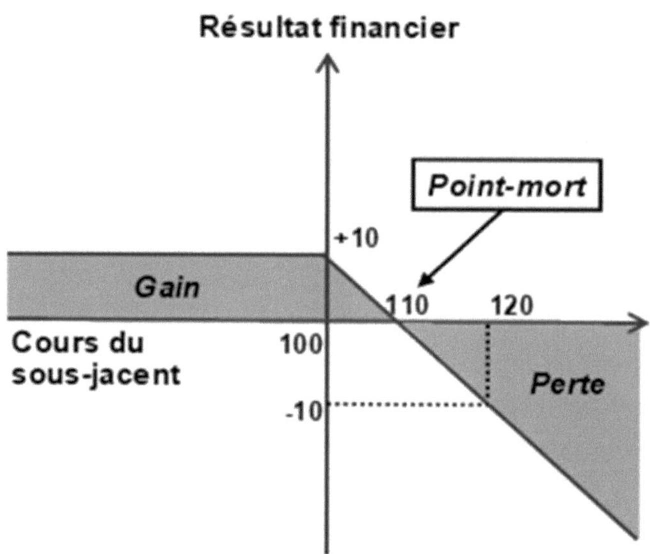

Achat de put

Un investisseur achète une option de vente sur l'action X. Le prix d'exercice de ce « *put* » est de 100 et il paye une prime de 10.

À sa date d'échéance, ce « *put* » n'a là encore que deux valeurs possibles :

– Soit il a perdu toute valeur dans le cas où le cours du sous-jacent est <u>supérieur</u> au prix d'exercice, car le droit de vendre 100 un actif que l'on peut vendre plus cher sur le marché n'a aucune valeur ;
– Soit il a une valeur égale à la différence entre le prix d'exercice et le cours du sous-jacent si ce dernier est inférieur. En effet, l'acheteur de l'option pourrait acheter l'action à un cours inférieur et la revendre au prix d'exercice du « *put* ».

Si le cours du sous-jacent devient inférieur au point-mort (différence entre le prix d'exercice et la prime, soit 100 - 10 = 90), il réalisera un gain théoriquement illimité (théoriquement seulement car les cours sont rarement négatifs même si cela a pu se produire avec le pétrole).

Son risque de perte ne se matérialisera qu'en cas de hausse du cours du sous-jacent au-delà du point-mort et sera limité au montant de la prime payée.

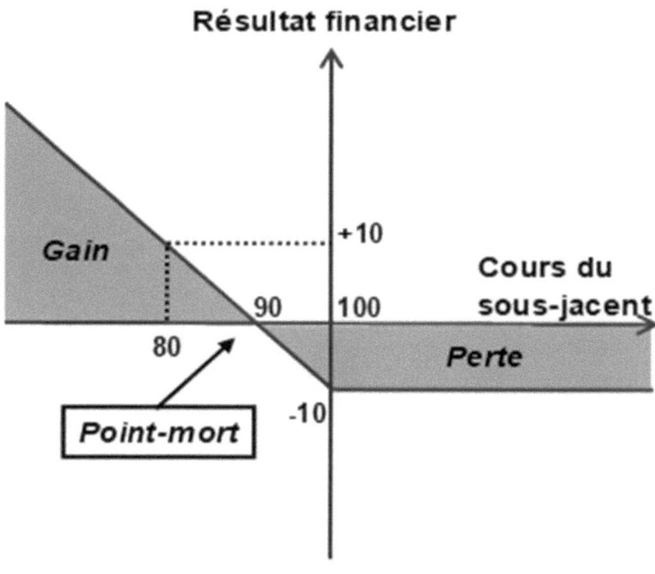

Vente de put

Le vendeur de l'option de vente de prix d'exercice 100 sur l'action X a, lui, immédiatement encaissé la prime de 10.

À la date d'échéance du « *put* », il n'y a là encore que deux possibilités :

    – Soit l'acheteur du « *put* » abandonne son option qui n'a aucune valeur (cas où le cours du sous-jacent est <u>supérieur</u> au prix d'exercice) ;

    – Soit l'acheteur exerce l'option de vente : le vendeur du « *put* » est alors tenu d'acheter au prix d'exercice de 100 un actif qu'il revendra moins cher et il réalise alors une perte égale à la différence entre le prix d'exercice et le cours du sous-jacent.

En cas de hausse du cours du sous-jacent au-delà du point-mort (différence entre le prix d'exercice et la prime, soit 100 - 10 = 90), il enregistrera un gain limité au montant de la prime encaissée.

Il prend en revanche le risque d'une perte illimitée (théoriquement car il est rare que les cours deviennent négatifs comme pour le pétrole en avril 2020) dans le cas où le cours du sous-jacent baisse en dessous du point-mort.

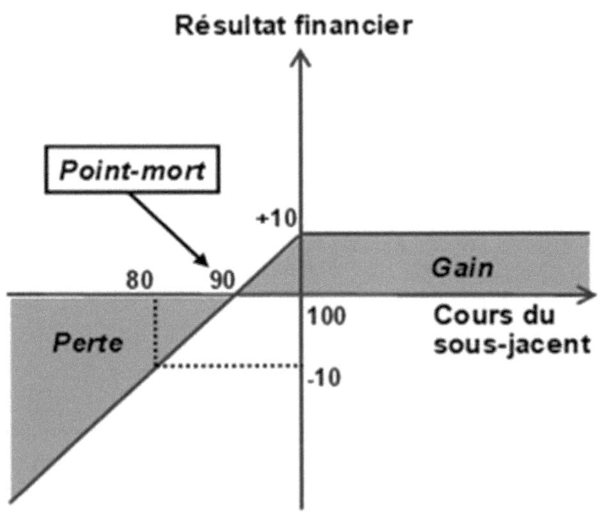

Valeur d'une option en cours de vie

La valeur d'une option en cours de vie dépend des anticipations de cours du sous-jacent à l'échéance. Elle est égale à la somme de la « valeur intrinsèque » et de la « valeur temps » :

- La valeur intrinsèque est égale à la différence, positive ou nulle, entre le cours du sous-jacent et le prix d'exercice de l'option.

- La valeur temps correspond à la probabilité que l'option soit « dans la monnaie » à la date d'échéance. Elle diminue au fur et à mesure que l'échéance de l'option se rapproche jusqu'à devenir nulle le jour de l'échéance de l'option.

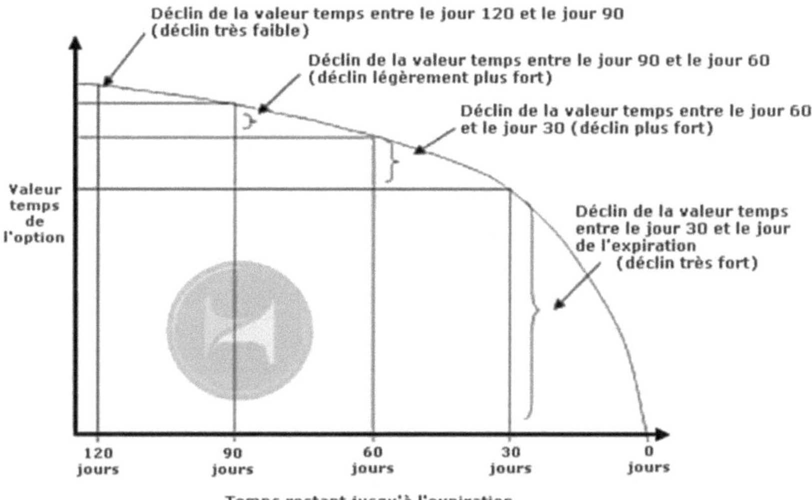

Source : zen-option.com

La valeur intrinsèque est positive ou nulle selon que l'option est « dans la monnaie » ou « en dehors de la monnaie » :

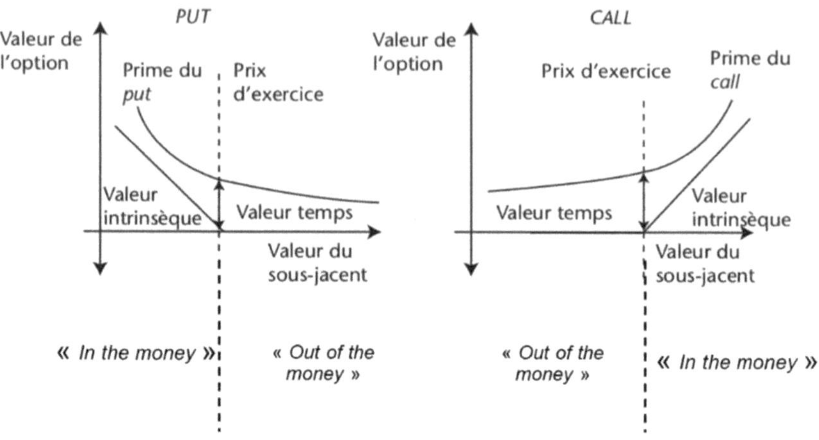

	Le cours du sous-jacent est <u>inférieur</u> au prix d'exercice	Le cours du sous-jacent est <u>supérieur</u> au prix d'exercice
option d'achat (« *call* »)	L'option est « en dehors de la monnaie » ⇨ Sa valeur intrinsèque est égale à zéro	L'option est « dans la monnaie » ⇨ Sa valeur intrinsèque est positive (cours du sous-jacent − prix d'exercice)
option de vente (« *put* »)	L'option est « dans la monnaie » ⇨ Sa valeur intrinsèque est positive (prix d'exercice − cours du sous-jacent)	L'option est « en dehors de la monnaie » ⇨ Sa valeur intrinsèque est égale à zéro

Exemple : Valeurs intrinsèques et valeurs temps d'options sur l'action LVMH

Source : Bourse Directe

Les « grecques » mesurent la sensibilité de la prime d'une option à ses différents paramètres :

> - Le **delta** d'une option mesure la sensibilité de son prix à une variation du cours du sous-jacent.
> - Le **gamma** mesure la convexité du prix de l'option en fonction du cours du sous-jacent.
> - Le **thêta** mesure la sensibilité du prix de l'option au passage du temps.
> - Le **rhô** mesure la sensibilité du prix de l'option à la variation du taux sans risque.
> - Le **véga** mesure la sensibilité du prix de l'option à la variation de la volatilité.

Stratégies de couverture et stratégies complexes

Si l'existence de spéculateurs est nécessaire pour assurer le bon fonctionnement des marchés financiers (en termes de liquidité, de valorisation des actifs…), les marchés d'options n'en ont pas moins pour vocation d'offrir des possibilités de couverture.

Ainsi, l'achat de «*put*» en couverture permet, moyennant un coût limité, de neutraliser l'impact d'une baisse du cours d'un actif détenu en portefeuille tout en conservant la possibilité de profiter d'une éventuelle hausse.

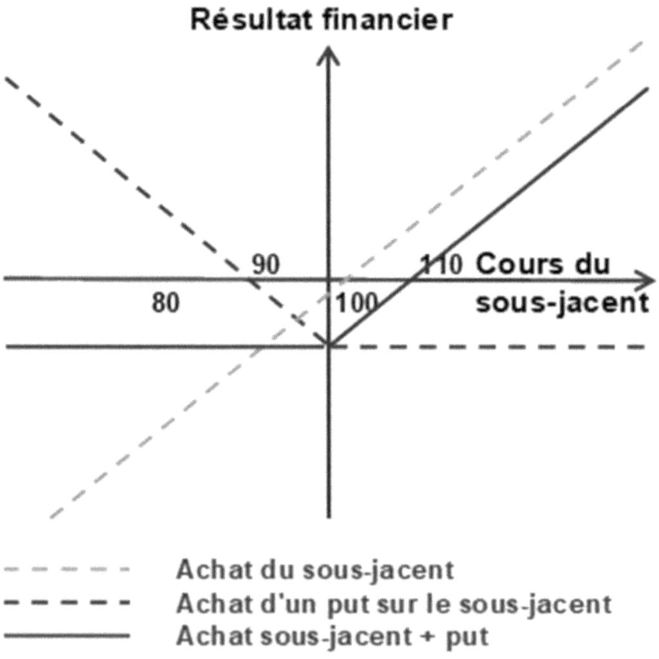

Les stratégies complexes sur options consistent quant à elles à combiner achat et vente simultanées de «*calls*» et de «*puts*» :

- Les « *straddles* » et « *strangles* » sont des combinaisons d'options d'achat et d'options de vente de même prix d'exercice ou de prix d'exercice en dehors de la monnaie.

- Les écarts (« *spreads* ») haussier ou baissier sont des stratégies permettant de limiter le risque de perte mais aussi l'espérance de gain, en achetant et vendant simultanément des options de même sens mais aux caractéristiques différentes (en termes de prix d'exercice et/ou d'échéance).

- Les variantes sont nombreuses et prennent des noms inattendus : « *butterfly* », « *condor* »…

Achat de « *straddle* »

Un investisseur achète simultanément, sur l'action X, une option d'achat et une option de vente de prix d'exercice 100. Le total des primes payées est de 20.

Son anticipation porte sur l'ampleur de la variation de cours du sous-jacent et non sur son sens (hausse ou baisse).

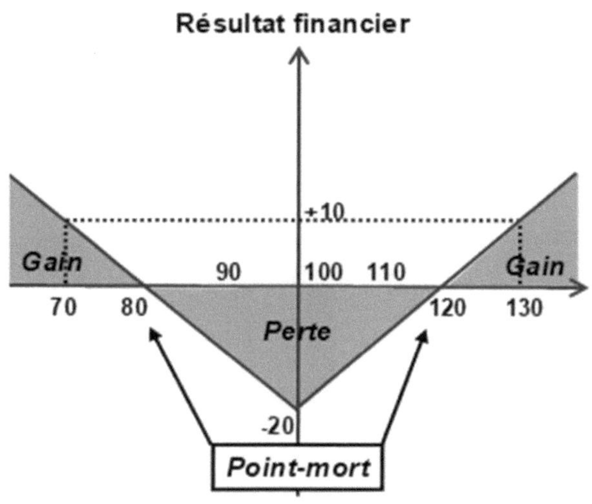

La vente de straddle (vente simultanée de call et de put de même prix d'exercice) permet à l'inverse de jouer la stabilité du sous-jacent et de capter la valeur temps des options.

Vente de « *strangle* »

L'action X cote 98. Un investisseur vend à la fois une option d'achat de prix d'exercice 120 et une option de vente de prix d'exercice 80. Le total des primes encaissées est de 12.
Cette stratégie permet de profiter d'une stabilité du cours du sous-jacent à l'intérieur d'une fourchette assez large.

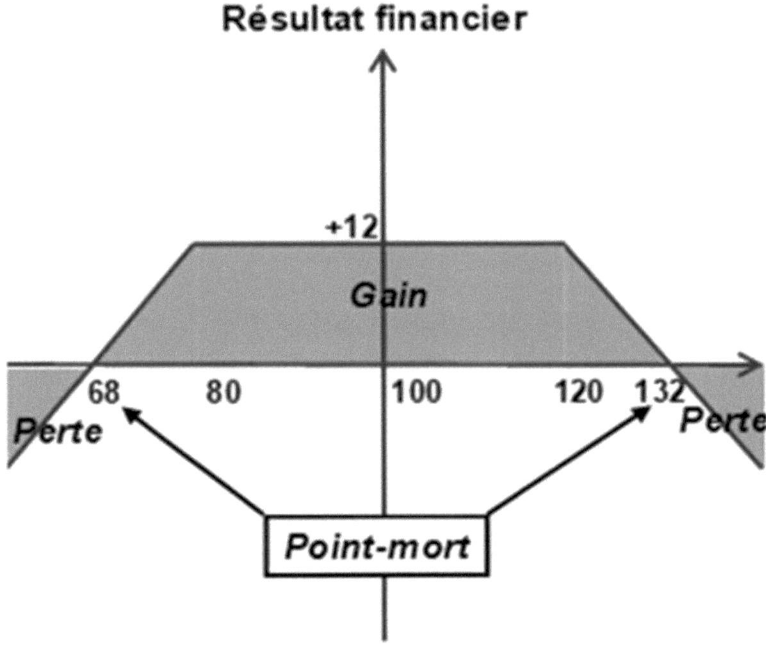

L'achat de strangle résulte en revanche de l'anticipation d'une variation du cours du sous-jacent au-delà de la plage délimitée par les deux prix d'exercice.

Écart haussier à base de « *calls* »

L'action X cote 98. Un investisseur achète une option d'achat de prix d'exercice 100 et vend une option d'achat de prix d'exercice 120 sur la même échéance. La prime nette décaissée est de 5. Au-delà d'un cours de 120 à l'échéance, le résultat de l'opération est figé.

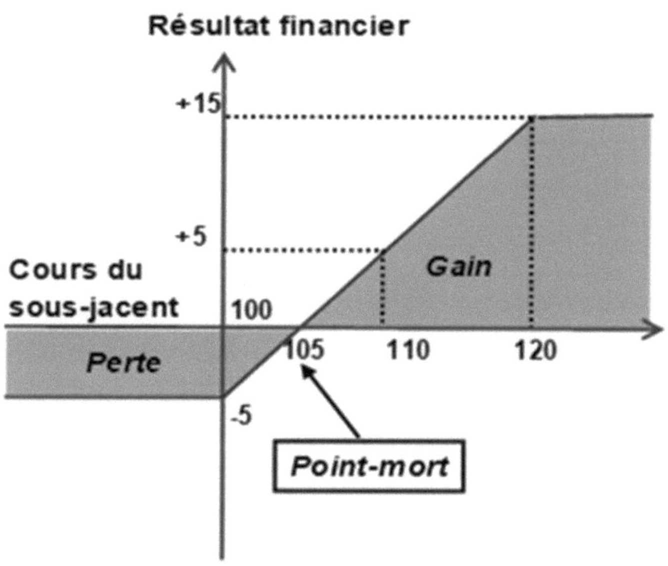

Si les options paraissent séduisantes par leur profil de rendement/risque asymétrique (tout du moins pour les acheteurs d'options) et par le fort effet de levier qu'elles sont susceptibles de procurer, elles n'en présentent pas moins des inconvénients certains :

– Elles n'ont pas toutes la même liquidité selon les types de sous-jacent, ce qui fait que le « *spread* » (écart entre cours offert et cours demandé) peut être prohibitif dans certains cas ;

– Surtout, leur principal inconvénient réside dans la baisse de la valeur, qui devient exponentielle à l'approche de l'échéance, et qui fait que l'acheteur peut voir la valeur de son option baisser si une variation significative du cours du sous-jacent n'intervient pas suffisamment rapidement ;

– Enfin, ce sont des instruments d'un maniement complexe, où le choix d'un prix d'exercice et d'une échéance appropriés sont primordiaux pour obtenir la bonne sensibilité, ni trop forte ni trop faible, aux variations du cours du sous-jacent et au passage du temps. À cet égard, ce type d'instruments semble plutôt réservés à des investisseurs professionnels ou à tout le moins très avertis et très qualifiés.

3 – 2 – 4 *Les warrants et turbos*

Les warrants et les turbos classiques fonctionnent comme les options (avec en plus une barrière désactivante pour les turbos), si ce n'est que la contrepartie à l'achat d'un warrant ou d'un turbo et à sa revente est forcément le broker émetteur du warrant et qu'il n'est pas possible d'être vendeur de warrants mais seulement acheteur.

Ils présentent donc les mêmes inconvénients que les options négociables en termes de baisse de la valeur temps et de complexité du choix d'un prix d'exercice et d'une échéance appropriés.

Seuls les turbos infinis n'ont pas d'échéance, mais subiront quand même une érosion de leur valeur au fil du temps.

3 – 2 – 5 *Récapitulatif d'utilisation des produits dérivés*

En résumé, les produits dérivés permettent d'investir à la hausse ou à la baisse du cours d'un actif avec une mise de fonds réduite grâce à leur effet de levier :

	Anticipation d'une baisse du cours d'un actif	Anticipation d'une hausse du cours d'un actif	Anticipation d'une stabilité du cours d'un actif
Contrats futures et CFD	Vente du contrat future ou du CFD	Achat du contrat future ou du CFD	Opération perdante [1]
Option d'achat (« call »)	Vente d'options d'achat [2]	Achat d'options d'achat	Vente d'options d'achat [2]
Option de vente (« put »)	Achat d'options de vente	Vente d'options de vente [2]	Vente d'options de vente [2]
Warrants & Turbos [3]	Achat de Put Warrant ou de Turbo Put	Achat de Call Warrant ou de Turbo Call	Opération perdante [4]

[1] Opération sans espérance de gain mais avec un coût lié aux frais de financement.

[2] La vente d'options négociables est réservée à des investisseurs disposant de capitaux importants. Compte tenu du risque potentiellement illimité pris par les vendeurs d'options, la chambre de compensation leur demandera de déposer des garanties en retenant une hypothèse de variation défavorable de 20 % du cours du sous-jacent.

[3] Il est seulement possible d'acheter des warrants ou des turbos et de les revendre ensuite. Il n'est pas possible d'ouvrir une position sur des warrants ou des turbos en commençant par les vendre pour les racheter ensuite.

[4] Opération sans espérance de gain mais avec une perte liée à la baisse de la valeur temps.

3 – 2 – 6 *Les produits structurés*

Les produits structurés sont des instruments d'investissement bâtis sur mesure pour répondre aux besoins des investisseurs qui cherchent des profils de rendement/risque différents de ceux offerts par les instruments financiers classiques disponibles sur les marchés financiers.

Les produits structurés mettent en œuvre des stratégies de gestion et d'assurance de portefeuille qui permettent aux investisseurs de bénéficier d'une structure de performance asymétrique de type optionnelle.

Ces stratégies consistent à exposer une partie du portefeuille, investie dans un actif risqué, afin de maîtriser le niveau de risque. L'investisseur peut alors bénéficier d'une partie des hausses de marché tout en étant protégé contre des baisses significatives.

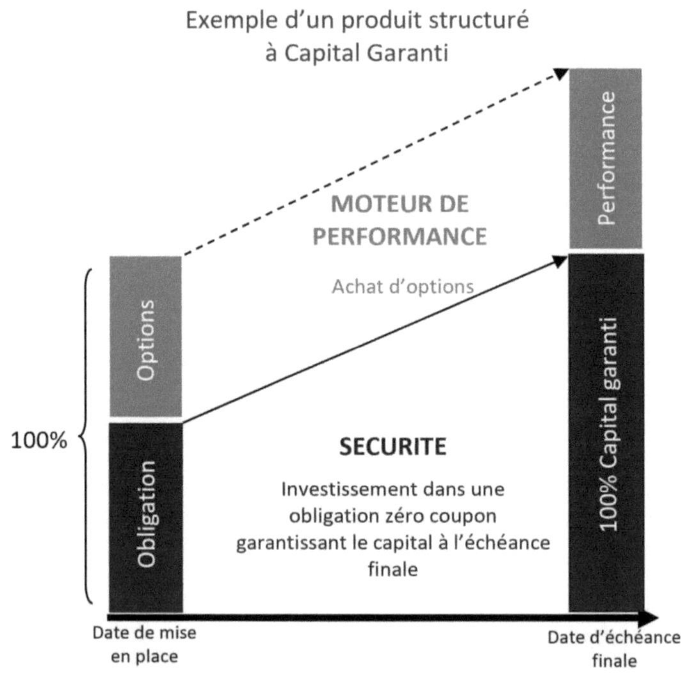

Source : Feefty

Un produit structuré est donc un instrument financier composite, combinant le plus souvent une obligation et des produits dérivés de type option afin de bénéficier de la performance éventuelle d'un actif sous-jacent. Le contrat garantit de récupérer à l'échéance du produit un capital plancher prédéterminé.

Les produits structurés peuvent être émis sous diverses formes juridiques (obligation, EMTN, certificat, FCP, etc.).

La performance d'un produit structuré dépend directement de celle d'une variable de référence (sous-jacent) qui peut être un actif, un indice de marché, un panier de valeurs, une stratégie d'investissement ou toute autre variable.

CONCLUSION

Connaître les principaux mécanismes des actifs et des instruments de la Bourse et des marchés financiers n'est évidemment qu'une première étape dans la vie d'un investisseur.

Sur les marchés financiers, la hausse des cours est symbolisée par le taureau car celui-ci attaque de bas en haut avec ses cornes. L'ours est l'animal qui symbolise la baisse sur les marchés, du fait qu'il attaque de haut en bas avec ses pattes.

Le cours des actifs sur les marchés résulte donc de l'éternel combat entre les haussiers (les « *bulls* ») et les baissiers (les « *bears* »).

Il s'agit donc ensuite de connaître les outils et les indicateurs qui permettront d'apprécier le rapport de force entre acheteurs et vendeurs.

Il convient aussi de faire l'apprentissage de la gestion du risque. Sur les marchés financiers, personne ne sait jamais ce que feront les autres investisseurs et n'est donc maître du résultat d'une transaction.

Cela nécessite alors de se concentrer sur ce qui ne dépend que de soi (avoir une méthode, gérer son risque) et non pas sur le résultat financier d'une transaction.

Ces sujets feront donc l'objet des différents ouvrages déjà publiés ou à venir dans la collection « *Les essentiels de l'AFATE* ».

Pour se tenir informé de l'actualité de la Bourse et des marchés financiers

- @denis_desclos sur 𝕏
- @AfateNews sur 𝕏
- Émission « *C'est votre argent* » sur BFM Business :

- Émission « *Intégrale Bourse* » sur BFM Business :

- Émission « *Smart Bourse* » sur Bsmart :

Suivez **JDH Éditions** sur les réseaux sociaux
pour en savoir plus sur les auteurs,
les nouveautés, les projets…

Inscrivez-vous à notre Newsletter sur
www.jdheditions.fr
Pour recevoir l'actualité de nos nouvelles
parutions